ÄGYPTOLOGISCHE ABHANDLUNGEN

HERAUSGEGEBEN VON
WOLFGANG HELCK UND EBERHARD OTTO

BAND 32

WOLFGANG SCHENKEL

DIE ALTÄGYPTISCHE SUFFIXKONJUGATION

1975

OTTO HARRASSOWITZ · WIESBADEN

DIE ALTÄGYPTISCHE SUFFIXKONJUGATION

Theorie der innerägyptischen Entstehung
aus Nomina actionis

VON
WOLFGANG SCHENKEL

1975

OTTO HARRASSOWITZ · WIESBADEN

CIP-Kurztitelaufnahme der Deutschen Bibliothek

Schenkel, Wolfgang

Die altägyptische Suffixkonjugation : Theorie d. innerägypt. Entstehung aus Nomina actionis.
(Ägyptologische Abhandlungen; Bd. 32)
ISBN 978-3-447-01689-6

Kreuzberger Ring 7c-d, 65205 Wiesbaden, produktsicherheit.verlag@harrassowitz.de

Als Habilitationsschrift
auf Empfehlung der Philosophischen Fakultät der Georg-August-Universität Göttingen
gedruckt mit Unterstützung der Deutschen Forschungsgemeinschaft
Printed in Germany

Inhalt

0. *Vorwort* 1

1. *Einleitung* 3

1.1 Die altägyptische Suffixkonjugation im Rahmen der hamitosemitischen Verbalsysteme 3
1.2 Bewertungskriterien: systematische versus historische Theorie 6

2. *Theorien zum hamitosemitischen Ursprung der altägyptischen Suffixkonjugation* 13

3. *Theorien zur innerägyptischen Entstehung der altägyptischen Suffixkonjugation* 17
3.1 Einleitung 17
3.2 Nomen und (nominaler) Nominalsatz als Basis für die innerägyptische Erklärung der Suffixkonjugation 18
3.2.1 Die Personalsuffixe 18
3.2.2 Nominalkomplex oder Nominaler Nominalsatz 19
3.2.3 Der Verbalstamm, ein Nomen 20
3.2.4 Forschungssstand 21
3.3 Die Partizipial-Theorien 22
3.3.1 Die Aktiv-Passiv-Theorie A. Ermans 22
3.3.2 Der Ansatz zu einer Passiv-Theorie bei K. Sethe 26
3.3.3 Die Passiv-Theorie A. H. Gardiners und W. Westendorfs 28
3.3.4 Die Möglichkeit einer Erneuerung der Aktiv-Passiv-Theorie 32
3.4 Ansätze zu einer Nomen-actionis-Theorie 34

4. *Altägyptische Bausteine zu einer historischen Nomen-actionis-Theorie* 36
4.1 Zu Form und Funktion der altägyptischen Nomina actionis 36
4.1.1 Nomina actionis und Suffixkonjugation 36
4.1.2 Nomina actionis und Infinitiv 37
4.2 Defektive „Tempora" der Suffixkonjugation und Nomina actionis . . 38
4.2.1 Allgemeines 38
4.2.1 *sḏm.w=f* 39
4.2.3 *sḏmm=f* 42
4.3 *mrr=f als Nomen* 43

4.4 Bilanz 43

5. *Historische Nomen-actionis-Theorie* 44
5.1 Vorbemerkung 44
5.2 Hypothetische Rekonstruktion der prähistorischen innerägyptischen Entstehung der altägyptischen Suffixkonjugation 44
5.2.1 Nomen actionis — Suffixkonjugation — Infinitiv 44
5.2.2 Zur Frage der Einheit des *sḏm:f* 48
5.2.3 Die Bildungselemente *-n-*, *-jn-*, *-ḫr-*, *-kꜣ-*, *-tj-* als Lexeme 50
5.2.4 Gliederungsverschiebung 52
5.2.5 Der nominale Charakter der Sätze mit Suffixkonjugation 53
5.2.6 Die „emphatische" Konstruktion und die Entstehung der „emphatischen" Formen 54
5.2.7 Exkurs: Die Relativformen 56
5.2.8 Exkurs: Das Verbaladjektiv *sḏm.tj:fj* 58
5.2.9 Bewertung der hypothetischen Rekonstruktion als systematischer Theorie 59
5.3 Historische Folgewirkungen der prähistorischen Entstehung der Suffixkonjugation 61
5.4 Die Suffixkonjugation im Rahmen der altägyptischen Sprachgeschichte 64
5.4.1 Die syntaktischen Voraussetzungen der Entstehung der Suffixkonjugation 64
5.4.2 Nominalsatz- und Nominalkomplex-Negation 65
5.4.3 Die Schlüsselrolle der Nomina actionis in der Sprachgeschichte . . . 65
5.5 Die Entstehung der altägyptischen Suffixkonjugation im Rahmen der hamitosemitischen Sprachen 66
5.5.1 Die hamitosemitische Basis für die Entstehung der altägyptischen Suffixkonjugation 66
5.5.2 Die hamitosemitische Präfixkonjugation in ihrem Verhältnis zur hamitosemitischen Suffixkonjugation im Licht des altägyptischen Befundes 67
5.5.3 Verb und Verbalformen: zur Ausdifferenzierung der Wortarten im Hamitosemitischen 71
5.5.4 Exkurs: Altägyptisch, Hamitosemitisch und Indogermanisch 73
5.6 Bewertung der Nomen-actionis-Theorie als historischer Theorie . . . 75

6. *Zitierte Literatur* 76

7. *Ungeläufige Abkürzungen* 83

8. *Register* 84
8.1 Lateinisches Alphabet 84
8.2 Ägyptisches Alphabet 88

0. Vorwort

Die vorliegende Arbeit stellt einen Versuch dar, unzusammenhängende Beobachtungen am altägyptischen Verbalsystem in einen systematischen Zusammenhang zu bringen und die Konsequenzen zu ziehen, die die altägyptischen Befunde für die Rekonstruktion des hamitosemitischen Verbalsystems haben.

Ihre Entstehung verdankt die Arbeit dem zufälligen Zusammentreffen mehrerer Umstände. Die wichtigsten Anstöße kamen von drei Seiten:

1. Die Analyse eines der jüngsten Versuche zur Erklärung der Entstehung der altägyptischen Suffixkonjugation, desjenigen von G. Janssens, führte bei der Überprüfung des leidigen Problems des sogenannten prothetischen *j-* zu Distributionen, die die Entstehung der Suffixkonjugation aus Nomina actionis vermuten ließen.

2. Die Eliminierung des vielumstrittenen narrativen *sḏm.t=f* aus der altägyptischen Grammatik und die Subsumierung seiner Belege unter den Infinitiv zeigte einmal mehr, daß das Altägyptische vielfach dort nominale Konstruktionen verwendet, wo die geläufigen indogermanischen Sprachen Verba finita zeigen.

3. Die radikale Schlußfolgerung einer Erklärung der gesamten altägyptischen Suffixkonjugation aus Nomina actionis wäre mir trotz einer Reihe bedeutender Ansatzpunkte in der ägyptologischen Literatur, besonders in den Arbeiten von H. J. Polotsky zur nominalen Natur der „emphatischen" Formen, die in diese Richtung weisen könnten, kaum ganz so leicht gefallen, wenn ich nicht Kenntnis gehabt hätte von wesentlichen Aspekten der Theorie des mittelägyptischen Verbums, die F. Junge entworfen hat und in der er, konsequenter als seine Vorgänger, die nominale Funktion eines wesentlichen Teils der Verbalformen der Suffixkonjugation im Sprachgebrauch der „klassischen" mittelägyptischen Literatur nachweist, bei dem man bisher mit einer verbalen Erklärung auszukommen glaubte.

Das prothetische *j-* und das narrative *sḏm.t=f* als ursprüngliche Ausgangspunkte kommen zwar noch relativ häufig zur Sprache, sie können allerdings nicht als entscheidende Beweisstücke angesehen werden; die Schlußfolgerungen würden sich selbst durch eine vollständige Falsifizierung aller damit zusammenhängenden Behauptungen praktisch nicht ändern.

Der Kern der hier vorgelegten Theorie der Entstehung der altägyptischen Suffixkonjugation aus Nomina actionis wurde in einer kurzen Zeit erzwungener Muße entworfen. Der weitere Rahmen für Anstoß und Ausarbeitung aber war die anregende Atmosphäre des Göttinger ägyptologischen Seminars, besonders fortwährende Diskussionen mit F. Junge.

J. Osing verdanke ich interessante Vorausinformationen über seine Entdeckung der Natur der altägyptischen Relativformen, was für die Falsifizierung eines Teils der bisherigen Erklärungen der Entstehung der altägyptischen Suffixkonjugation von Nutzen war.

J. Callender hat mir freundlicherweise gestattet, auf einen noch unpublizierten Vorschlag zur Erklärung der Modi der Suffixkonjugation einzugehen, was leider, solange der volle Wortlaut nicht allgemein zugänglich ist, wegen der Komplexität der angeschnittenen Probleme nur in ein paar kurzen Hinweisen geschehen kann.

Schließlich gilt mein Dank W. Westendorf und F. Junge, die mich durch kritische Lektüre des Manuskriptentwurfs vor manchem Fehler bewahrt und durch zusätzliche Hinweise die weitere Klärung einiger Probleme gefördert haben.

* * *

Nach Abschluß des ursprünglichen Manuskripts, das von der Philosophischen Fakultät der Georg-August-Universität Göttingen als Habilitationsschrift angenommen wurde, hatte ich Gelegenheit, die Arbeit an einigen wesentlichen Stellen zu präzisieren und sonst kleinere Verbesserungen anzubringen. Hier kamen mir bei der Klärung der Sachverhalte auch Hinweise und kritische Einwendungen zustatten, die mir G. Doerfer und J. Osing freundlicherweise haben zukommen lassen und für die ihnen auch an dieser Stelle herzlich gedankt sei.

Anzufügen ist der Dank an die Herausgeber, die durch die Bereitschaft, die Arbeit in ihre renommierte Reihe der Ägyptologischen Abhandlungen aufzunehmen, ihr den Weg in die öffentliche Diskussion eröffnet haben.

Göttingen, Oktober 1973/September 1974 Wolfgang Schenkel

1. Einleitung

1.1 Die altägyptische Suffixkonjugation im Rahmen der hamitosemitischen Verbalsysteme

Die hamitosemitischen Sprachen besitzen als Kern ihres Verbalsystems im allgemeinen Paare von Formensystemen zur Darstellung aspektueller Oppositionen, namentlich der Opposition perfektiver versus imperfektiver Aspekt[1]. Die verbreitetsten Oppositionssysteme sind die beiden folgenden:

1. Opposition Präfixkonjugation versus Suffixkonjugation; z. B. Akk. *ta-prus* : *pars-āta*, Arab. *ta-qtulu* : *qatal-ta*.

2. Opposition Kurzform versus Langform; z. B. Akk. *i-prus* : *i-parras*, Tschadohamitisch Daffo-Butura *mot* : *mwaát*[2], Kuschitisch Bedauye *a-dír* : *a-n-di:r*, Saho *í-lika* : *áa-lika*[3].

Diese formalen Kennzeichnungen gehören offenbar beide, wie besonders ihre gleichzeitige Existenz im Akkadischen vermuten läßt, zum ältesten Bestand des Hamitosemitischen.

Nach dem Kriterium der Verwendung eines der beiden oder beider Kennzeichnungen im Aspektsystem ergibt sich für die frühesten belegten oder erschließbaren Stufen der wichtigsten Gruppen der hamitosemitischen Sprachen folgende Gliederung:

1. Sowohl die Opposition Präfixkonjugation versus Suffixkonjugation als auch die Opposition Kurzform versus Langform ist im Altsemitischen[4] belegt: im Akkadischen (Beispiel siehe oben) und möglicherweise im Äthiopischen (falls nämlich das Imperfekt *i̯əqättəl* mit Akk. *iparras* gleichgesetzt werden darf[5]).

2. Die Opposition Präfixkonjugation versus Suffixkonjugation ist belegt im Jungsemitischen (arabisches Beispiel siehe oben) und im Libysch-Berberischen (die Suffixkonjugation ist relikthaft bei den kabylischen Qualitätsverben erhalten[6]).

[1] Vgl. Diakonoff, Languages, 78 f.

[2] Jungraithmayr, Remnants, 18 f.; vgl. auch Lukas, Hamitisches Sprachgut, 587; Jungraithmayr, Bau der Aspekte, 233.

[3] Vgl. Tucker/Bryan, Linguistic Analysis, 530—41.

[4] Vgl. Christian, Ältere Semitenschicht, besonders 735; Rössler, Verbalbau.

[5] Siehe z. B. Rössler, Verbalbau, 503; Greenberg, Afro-Asiatic Present; Greenberg, Reply; dagegen z. B. Rundgren, Verbalaspekt.

[6] Vgl. Rössler, Verbalbau, 481 f.; Rössler, Semitischer Charakter, 146 f.

3. Die Opposition Kurzform versus Langform ist belegt im Kuschitischen und im Tschadohamitischen (Beispiele siehe oben).

Die kuschitische Suffixkonjugation steht nicht in einer — aspektuellen — Opposition zur Präfixkonjugation. In denjenigen Sprachen, die zusätzlich zur Suffixkonjugation eine Präfixkonjugation besitzen (Bedauye, Awiya, Saho und Somali), ist die Verteilung der beiden Konjugationen lexikalisch festgelegt: es gibt Verben, die nach der Präfixkonjugation flektiert werden, und andere, die nach der Suffixkonjugation flektiert werden[7]. Historisch geht die Suffixkonjugation auf die (hamitosemitische) Präfixkonjugation zurück[8]. Dies ergibt sich aus der Analyse der Endungen der Suffixkonjugation, wo nach Abstrich der Person/Genus- und Numerus-Elemente und — gegebenenfalls — des sogenannten dritten Elements ein Element übrigbleibt, das als Hilfsverb zu erklären ist; z. B. entspricht im Somali dem Präfix der 2. m. sg. des Perfekts *ti-* als Suffix ein *-tay'* < **-ti-ay'* o. ä., wobei **ay'* etymologisch ein Hilfsverb ist. Die Endung der 1. sg. ohne **-k-* ist nicht, wie O. Rössler angibt[9], das Schibboleth, da hier eine Anpassung unter Systemzwang an die Präfixkonjugation denkbar wäre, ähnlich wie umgekehrt im Berberischen an die Präfixkonjugation ein aus der Suffixkonjugation übertragenes *-ǧ* < **-k* angehängt wird.

Diese Gegebenheiten gestatten eine erste Beurteilung der Verhältnisse in dem bis hierher ausgesparten hamitosemitischen Sprachzweig, dem Altägyptischen.

Das Altägyptische unterscheidet sich von allen anderen Sprachengruppen des Hamitosemitischen dadurch, daß es zwar im sogenannten Pseudopartizip eine Suffixkonjugation besitzt, die historisch mit der Suffixkonjugation der anderen hamitosemitischen, d. h. der semitischen und libysch-berberischen, Sprachen identisch ist, aber keine Präfixkonjugation, die der Präfixkonjugation, wie sie in allen anderen hamitosemitischen Sprachzweigen vorhanden ist, entspricht.

Möglicherweise muß die Aussage „alle anderen hamitosemitischen Sprachen" dahingehend eingeschränkt werden, daß nur das Semitische, Libysch-Berberische und Kuschitische eine historisch identische Präfixkonjugation besitzen. Die tschadohamitische Präfixkonjugation, deren Präfixe als selbständige Lexeme analysiert werden können[10], ist möglicherweise eine tschadohamitische Eigenentwicklung, die mehr oder minder zufällig der Präfixkonjugation anderer hamitosemitischer Sprachzweige ähnelt.

Da also diejenigen Sprachgruppen des Hamitosemitischen, die eine Suffixkonjugation besitzen, auch eine Präfixkonjugation haben, so wird — zumal von semitistischer Seite — gefordert, müsse auch das Altägyptische einmal in prähistorischer Zeit eine solche Präfixkonjugation besessen haben. Diese müßte dann in der historisch überlieferten Sprache entweder ausgestorben sein oder aber in die speziell altägyptische Suffixkonjugation vom Typ *sḏm:f*, mit dem sie zweifellos semantische

[7] Vgl. Tucker/Bryan, Linguistic Analyses, 530—41.

[8] Reinisch, Wörterbuch Saho, 2; Colizza, Lingue kuscitiche, 137; Praetorius, Hamitische Sprachen, 329—32; Cohen, Verbe Sidama.

[9] Rössler, Verbalbau, 470.

[10] Vgl. Diakonoff, Languages, 81.

Berührungspunkte aufweist, übergegangen sein[11]. Siehe zu den Einzelheiten unten Abschnitt 2.

Die früher viel diskutierte Frage des relativen Alters der Präfix- und Suffixkonjugation, die sich besonders auch im Hinblick auf das Fehlen der hamitosemitischen Suffixkonjugation im Kuschitischen stellt[12], wird hier zunächst übergangen (siehe aber unten Abschnitt 5.5.2).

So überzeugend diese Schlußfolgerung vom semitistischen Standpunkt aus sein mag, drei Bedenken sind anzumelden:

1. Der Zusammenhang zwischen semitischer Präfixkonjugation und altägyptischer Suffixkonjugation (*sḏm:f* usw.) ist sehr schwierig herzustellen. Von ägyptologischer Seite sind Versuche, solche Verbindungen zu rekonstruieren, in aller Regel abgelehnt worden, weil sie für die Erklärung der innerägyptischen Sprachentwicklung praktisch wertlos sind, obwohl man erwarten dürfte, daß eine so tiefgreifende Umgestaltung des altägyptischen Verbalsystems auch in der überlieferten Sprache letzte Spuren hinterlassen hätte. Belege, die dafür angeführt wurden, ließen sich immer auf der Basis ägyptologischer Argumentation bezweifeln, wenn nicht widerlegen. Von ägyptologischer Seite wurde daher stets der innerägyptischen Entstehung der altägyptischen Suffixkonjugation der Vorzug gegeben.

2. Es ist überraschend — wenn auch nicht unmöglich —, daß ausgerechnet in der ältesten überlieferten hamitosemitischen Sprache, dem Altägyptischen, die Präfixkonjugation — möglicherweise spurlos — verschwunden sein sollte, während sie in allen anderen, später, z. T. sehr viel später, greifbaren hamitosemitischen Sprachen erhalten sein sollte. (Das Argument ist insofern nicht ganz schlüssig, als es nur mit einer gewissen, schwer abzuschätzenden Wahrscheinlichkeit gilt, da die am frühesten belegte Sprache nicht notwendig den sprachgeschichtlich ältesten Befund zeigen muß.)

3. Die kuschitischen und tschadohamitischen Sprachen, die keine der semitischen und libysch-berberischen entsprechende Suffixkonjugation besitzen, zeigen, daß das Oppositionssystem Präfixkonjugation versus Suffixkonjugation nicht im Gesamtbereich der hamitosemitischen Sprachen bestanden haben muß. Infolgedessen braucht auch das Altägyptische diese Opposition nicht besessen zu haben.

Gemäß der Existenz bzw. Inexistenz von Präfixkonjugation und Suffixkonjugation fielen, falls das prähistorische Altägyptisch keine Präfixkonjugation besaß, die fünf hamitosemitischen Sprachgruppen in drei Abteilungen:

a) zwei Sprachgruppen, die sowohl die Präfix- als auch die Suffixkonjugation besitzen: Semitisch und Libysch-Berberisch;

b) zwei Sprachgruppen, die nur die Präfixkonjugation besitzen: Kuschitisch und Tschadohamitisch;

c) eine Sprachgruppe, die nur die (hamitosemitische) Suffixkonjugation besitzt: Altägyptisch.

Die Existenz oder Inexistenz einer prähistorischen altägyptischen Präfixkonjuga-

11 Vgl. Diakonoff, Languages, 80, A. 61.

12 Vgl. Praetorius, Hamitische Sprachen, 332.

tion hat Konsequenzen für die Rekonstruktion des hamitosemitischen Verbalsystems: Existiert die Präfixkonjugation, so steht von ägyptologischer Seite nichts im Wege, für das hamitosemitische Verbalsystem ein Oppositionssystem Präfixkonjugation versus Suffixkonjugation als Grundbestand anzusetzen, ganz so wie es von semitistischer Seite heute gewöhnlich angesetzt wird. Es steht sogar nichts im Wege, im Hinblick auf die kuschitischen und tschadohamitischen Sprachen die Präfixkonjugation als die ältere und einzige gemeinsame Konjugationsart aller hamitosemitischen Sprachgruppen anzusetzen. Existiert die altägyptische Präfixkonjugation dagegen nicht, so ist eine solche Lösung praktisch ausgeschlossen. Diese Konsequenz ist von semitistischer Seite durchaus gesehen worden: hierher erklären sich die immer wieder angesetzten Versuche, die altägyptische Suffixkonjugation als einen irgendwie gearteten Nachfolger der hamitosemitischen Präfixkonjugation zu erklären. Nur ist der Nachweis des Zusammenhangs noch keinem geglückt. Andererseits haben die von ägyptologischer Seite vorgeschlagenen innerägyptischen Erklärungen der altägyptischen Suffixkonjugation weder den Anschluß an die hamitosemitische Basis bewältigt noch die Konsequenzen verfolgt, die die Inexistenz der Präfixkonjugation im Altägyptischen für die Rekonstruktion des hamitosemitischen Verbalsystems hat.

Auf dieses hier vorläufig skizzierte Problem wird in den abschließenden Abschnitten dieser Arbeit (siehe unten Abschnitt 5.5.2 — 5.5.3) auf der Grundlage einer eingehenden Überprüfung der bisher vorgeschlagenen Erklärungsversuche und einer im einzelnen auszuarbeitenden eigenen Theorie zur Entstehung der altägyptischen Suffixkonjugation eine Antwort zu geben sein.

1.2 *Bewertungskriterien: systematische versus historische Theorie*

Die in dieser Arbeit zu begründende Rekonstruktion der Entstehungsgeschichte der altägyptischen Suffixkonjugation wird Nomen-actionis-„Theorie" genannt, im Gegensatz zu einer Reihe von anderen „Theorien", die zur Erklärung der Suffixkonjugation entworfen wurden.

„Theorie" ist dabei nicht im strengsten Sinne des Wortes zu verstehen, so wie die mathematische Logik diesen Begriff verwendet, sondern in einer allgemeineren Bedeutung, wie sie z. B. in der historischen Indogermanistik angenommen wird, wenn man von einer Laryngal-„Theorie" spricht. Mit anderen Worten: „Theorie" wird nicht eingeengt auf „axiomatische Theorie", d. h. auf „die Sätze, die sich als logische Folgerung aus einem vorgegebenen Axiomensystem ergeben"[13], sondern allgemein verstanden als „die umfassende wissenschaftliche Erklärung eines Gegenstandsbereichs . . ., die sich in Versuch und Beobachtung bewähren muß"[14].

[13] Brockhaus 1957, s. v. Theorie.
[14] Brockhaus 1957, s. v. Theorie.

Die Nomen-actionis-Theorie erhebt den Anspruch, erklärungsstärker zu sein als jede andere bis jetzt vorgeschlagene Theorie zur Erklärung der Entstehung der Suffixkonjugation. Darüber hinaus soll der Nachweis geführt werden, daß die systematische Rekonstruktion der Nomen-actionis-Theorie in wesentlichen Teilen auch historisch wahr ist, ein Nachweis, der — wie zu zeigen sein wird — bis jetzt noch für keine der Theorien der Suffixkonjugation mit Erfolg geführt wurde.

Der Unterschied zwischen einer systematischen und einer historischen Theorie liegt in folgendem:

Eine systematische Theorie erklärt einen Sprachzustand mit Hilfe einer Menge beliebig wählbarer Ausgangselemente und einer Menge von Regeln, die aus der Ausgangselementenmenge die Strukturen der zu erklärenden Sprache abzuleiten gestatten. Z. B. verfährt so die generative Transformationsgrammatik, deren Ausgangselemente und Ableitungsregeln nicht notwendig irgendeine Entsprechung zu den mentalen Prozessen haben müssen, durch die Sätze erzeugt werden, noch eine Entsprechung zur historischen Genese des zu erklärenden Sprachsystems. Um ein drastisches Beispiel zu geben: die lückenlose Ableitung mit Hilfe expliziter Regeln des altägyptischen Verbalsystems aus den Maßverhältnissen der Cheopspyramide wäre eine systematische Theorie der geschilderten Art (sie würde allerdings kaum im Vergleich mit linguistischen Theorien des Verbalsystems dem unten zu nennenden Einfachheitskriterium standhalten).

Eine historische Theorie ist eine systematische Theorie, deren Ausgangselemente und Übergangsregeln nicht beliebig gewählt werden können, sondern mit historischen Sprachzuständen übereinstimmen müssen bzw. ihnen zumindest nicht widersprechen dürfen. Z. B. könnte eine historische Theorie der altägyptischen Suffixkonjugation als Ausgangsbasis ein Oppositionssystem Perfekt versus Imperfekt wählen, falls man der hamitosemitischen Grundsprache ein solches Oppositionssystem zuschreiben darf.

Eine historische Theorie kann einer erklärungsstarken nicht-historischen, nursystematischen Theorie sehr nahe kommen. Z. B. kann die generative Phonologie des Englischen von den historischen Lautformen der englischen Orthographie ausgehen[15].

Die Rede von „nur-systematischen" Theorien ist nicht restriktiv zu verstehen: derartige Theorien sind in der synchronischen Darstellung von Sprachen angebracht und somit bei der Beschreibung der verschiedenen Entwicklungsstufen des Altägyptisch-Koptischen durchaus wünschbar; lediglich für historische Rekonstruktionen, wie sie auch in der vorliegenden Arbeit entwickelt werden, sind sie nicht ausreichend.

Die Kriterien für die Bewertung einer historischen Theorie sind zunächst diejenigen, nach denen systematische Theorien beurteilt werden: Widerspruchsfreiheit, Vollständigkeit und Einfachheit. Hinzu kommt das zusätzliche Kriterium der Historizität. Das Kriterium der Historizität impliziert, wie sich aus der oben gegebenen Erläuterung einer historischen Theorie ergibt, zweierlei: Erstens müssen die

[15] Chomsky/Halle, Sound Pattern, besonders 49.

Ausgangselemente einer historischen Theorie Elemente einer bestimmten Stufe der historischen Entwicklung einer Sprache sein. Zweitens dürfen die Regeln, die von den Ausgangselementen aus zu dem zu erklärenden Sprachsystem führen, nur über solche Etappen führen, die einer bestimmten Zwischenstufe der historischen Entwicklung entsprechen.

Das Kriterium der Widerspruchsfreiheit als eines elementaren Kriteriums wissenschaftlicher Arbeit wird durch das zusätzlich eingeführte Kriterium der Historizität nicht tangiert und bedarf in diesem Zusammenhang keiner näheren Erörterung. Dagegen ist es erforderlich, um naheliegenden Mißverständnissen vorzubeugen, die Kriterien der Vollständigkeit und der Einfachheit vom Kriterium der Historizität abzugrenzen.

Das Kriterium der Vollständigkeit bezieht sich auf das zu erklärende, synchrone Sprachsystem bzw. -teilsystem, das Kriterium der Historizität dagegen auf die zum Zweck der Erklärung zu benutzenden Daten. Selbstverständlich ist auch das zu erklärende Sprachsystem wie alle Untersuchungsobjekte aus dem Objektbereich der historischen Wissenschaften eine historische Größe. Diese „Historizität“ ist natürlich mit dem Kriterium der Historizität nicht gemeint — sie versteht sich ja von selbst —, sondern allein die ganz spezielle Forderung, daß die zur Erklärung herangezogenen Daten historisch sein müssen, im Gegensatz zu den entsprechenden Daten einer nur-systematischen Theorie, bei der ein historisches Sprachsystem bzw. -teilsystem durch willkürlich wählbare Konstruktionen erklärt werden kann.

Noch näher liegt ein Mißverständnis beim Kriterium der Einfachheit. Es ließe sich nämlich der Einwand erheben, es sei für die historische Realität geradezu charakteristisch, daß sie nicht einfach sei und daß daher die Bewertung einer historischen Theorie nach der Einfachheit der in ihr rekonstruierten Realität darauf hinausläuft, daß sie ihrem Objektbereich, der historischen Realität bzw. einem Ausschnitt daraus, nicht adäquat ist. Das ist in der Tat und ohne jeden Zweifel der Fall; aber es muß auch so sein, da wir die historische Realität ja nicht in ihrer Totalität kennen und kaum je kennen werden. Eine historische Theorie ist nicht zu messen an der Realität, wie sie einmal war, sondern allein an unseren Kenntnissen von dieser Realität, da uns nur diese zur Verfügung stehen. Diesen Kenntnissen darf eine historische Theorie nicht widersprechen. Der Realität selbst dagegen kann sie, soweit wir sie nicht kennen, durchaus widersprechen.

Bedingt durch die Unvollständigkeit unserer Kenntnisse wird jede historische Theorie Bindeglieder enthalten, für die wir im Quellenmaterial zwar keinerlei Anhaltspunkte haben, die aber auch mit den bekannten Fakten nicht in Widerspruch stehen. Nun gibt es unzählige Möglichkeiten, die Fakten aus der historischen Realität, die wir kennen, zu einem vollständigen Bild der Realität zu ergänzen. Ziel der Historie ist es jedoch nicht, alle Möglichkeiten zu beschreiben, wie man die historische Realität unter Berücksichtigung unserer Kenntnisse rekonstruieren könnte, sondern vielmehr allein, die gegenseitige Relation der bekannten historischen Fakten zu finden. Deshalb ist unter alternativen historischen Theorien, die die uns bekannten Fakten widerspruchsfrei und vollständig erfassen, diejenige die beste, die dies mit dem geringsten Aufwand an frei erfundenen Zwischengliedern tut. Aber: so einfach eine historische Theorie auch konstruiert sein mag — sie ist in dem Augenblick falsch und damit entweder zu korrigieren oder gänzlich zu verwerfen, wo sie mit unserer gesicherten Kenntnis der Realität in Widerspruch steht.

Aus diesen Überlegungen ergibt sich, daß die beiden Kriterien der Historizität und Einfachheit am besten in der eben genannten Reihenfolge angewandt werden: Es hat erst dann Sinn, (alternative) historische Theorien auf ihre Einfachheit zu prüfen, wenn sie dem Kriterium der Historizität genügen. Es muß aber das Kriterium der Einfachheit angewandt werden, weil sonst dem Wildwuchs bei der Rekonstruktion der historischen Realität Tür und Tor geöffnet wäre.

Mit diesen allgemeinen Bemerkungen ist eine Basis gegeben, von der aus sich die Problematik der Theorien der altägyptischen Suffixkonjugation in vorläufiger Weise skizzieren läßt. Die folgenden Erörterungen konzentrieren sich auf die Theorien zur innerägyptischen Entstehung der Suffixkonjugation, weil diese eine größere Plausibilität haben als die hamitosemitischen Theorien und daher vorrangig überprüft werden müssen.

Sämtliche unten zu betrachtenden Theorien der altägyptischen Suffixkonjugation haben — unbeschadet der Kritik, die man im einzelnen vorbringen kann — einen gewissen Erklärungswert. Jede der Theorien beschreibt — bzw. könnte nach einem systematischen Ausbau beschreiben — einen Ausschnitt aus dem Verbalparadigma als ein oder mehrere Teilsysteme der Sprache; jede der Theorien ordnet um diesen Kern herum einen mehr oder minder großen Rest des Verbalparadigmas an, der in mehr oder minder singulären Relationen zu dem oder den zentralen Teilsystemen steht (wobei zu beachten ist, daß die Einführung singulärer statt genereller Regeln wegen des Einfachheitskriteriums für eine Theorie qualitätsmindernd ist). So besitzt die Passiv-Theorie, d. h. die Theorie, die von A. H. Gardiner und W. Westendorf ausgebaut wurde (siehe unten Abschnitt 3.3.3), als Kern ein Teilsystem von (annähernd) parallel konstruierten Relativformen und Verbalformen der Suffixkonjugation mit der Proportion

RF *mrr.w=f* : SK *mrr=f* =
RF *mrj.w=f* : SK *mrj=f* =
RF *mrj.n=f* : SK *mrj.n=f*,

sie muß dafür aber den formalen Unterschied zwischen *sḏm=f* und *sḏmw=f*-Passiv (ohne -*w* bzw. mit -*w*), die beide auf ein Partizip Perfekt Aktiv zurückgehen sollen, und die Übertragung der ursprünglich passiven Formen auf intr. Verben durch singuläre Regeln einführen, u. a. m. Die Aktiv-Passiv-Theorie, die von A. Erman und F. Lexa vertreten wurde (siehe unten Abschnitt 3.3.1 und 3.3.4), hat als Kern eine Proportion, die u. a. folgende Glieder enthält:

PPA *sḏm* : SK *sḏmf* = PPP *sḏmw* : SK *sḏmw=f*,

sie muß aber aus Mangel eines entsprechenden Partizips die *n*-Form *sḏmn=f* durch eine singuläre Regel einführen, u. a. m.

Es war das Ziel der Ägyptologie, aus den möglichen Alternativen die historisch „richtige" herauszufinden. Wissenschaftsgeschichtlich hat die Passiv-Theorie den Sieg davongetragen, nicht, wie unten zu zeigen sein wird, aus objektiven Gründen, sondern weil die Kapazitäten der Ägyptologie aus mehr oder minder zufälligen

Anlässen sich auf diese Theorie konzentriert haben, sie weiter entwickelt haben als jede andere Theorie und dadurch diese Theorie die meisten philologisch korrekten Erklärungen enthält.

Die entscheidende Frage, von deren Beantwortung die Beurteilung der Theorien abhängt, ist die, was sie überhaupt erklären sollen oder können. Um die Antwort vorweg zu geben: sie sollen nach den Vorstellungen ihrer Konstrukteure historische Theorien der Suffixkonjugation sein; tatsächlich sind sie aber nur-systematische Theorien. Im einzelnen stellt sich das so dar:

Daß jede der Theorien ursprünglich die Rekonstruktion des einmaligen historischen Prozesses der Entstehung der Suffixkonjugation in möglichst vielen realen Details bieten soll, läßt sich schon an ihrem Ausschließlichkeitsanspruch erkennen: es ist dies eine notwendige Folge einer historischen Erklärung, wenn man — sicherlich im Sinne der betreffenden Ägyptologen — unterstellt, daß es nur *eine* historische Wahrheit gibt, die letztlich keine Alternativlösung zuläßt.

Wie aber vergewissert man sich der historischen Wahrheit einer Rekonstruktion? Offensichtlich wird in den vorgeschlagenen Theorien versucht, nach einer — mißverstandenen — Methode der inneren Rekonstruktion die historische Realität dadurch wiederzugewinnen, daß man in die Theorie nur solche Sprachelemente als Bausteine aufnimmt, deren Historizität durch ihr Vorkommen in historischer (altägyptischer) Zeit erwiesen ist. Z. B. werden zur Rekonstruktion solche Partizipien gewählt, von denen man glaubt, sie — außerhalb und neben ihrem Vorkommen in der Suffixkonjugation — in der ursprünglichen Funktion noch in historischer Zeit belegen zu können.

Immerhin hat dieses Vorgehen eine gewisse Berechtigung: da sich keine Sprache von heute auf morgen völlig ändert, vielmehr die historisch belegten Elemente mehr oder minder tief in die Vorgeschichte reichen, erhöht die Benutzung nur historisch belegten Materials für die prähistorische Rekonstruktion im Vergleich zur Benutzung willkürlich gewählten Materials die Wahrscheinlichkeit der Historizität dieser Rekonstruktion beträchtlich. Mit anderen Worten: den bisherigen Theorien der altägyptischen Suffixkonjugation muß über ihre Brauchbarkeit als systematische Theorien (dazu unten) hinaus auch eine gewisse Wahrscheinlichkeit der Historizität zugestanden werden. Wie groß diese Wahrscheinlichkeit ist, läßt sich allerdings schwer angeben.

> Angenommen, es gäbe — eine nach den Erörterungen unten Abschnitt 3 vertretbare Annahme — drei und nur drei Theorien dieser Art, die als systematische Theorien im Prinzip akzeptabel wären und die weitestgehend nur mit historisch belegtem Material arbeiteten (so die unten Abschnitt 3 zu besprechende Aktiv-Passiv-Theorie, Passiv-Theorie und Nomen-actionis-Theorie), so wäre die Wahrscheinlichkeit für die Historizität jeder dieser Theorien höchstens 33 % und damit insignifikant (signifikant wären etwa Wahrscheinlichkeiten von $\geqq$ 90 %).

Dennoch: selbst wenn es gelungen wäre, einen vollständigen Satz von Bausteinen der gesuchten Art zu finden, wäre der Ansatz fragwürdig: Es ist ja oft das Kennzeichnende einer historischen Entwicklung, daß umfunktionierte Elemente — wie sie z. B. die in die Suffixkonjugation eingegangenen Partizipien darstellen könnten – gerade nicht in ihrer ursprünglichen Funktion erhalten bleiben. So könnte es sein, daß die Elemente, die in historischer Zeit in der Suffixkonjugation belegt sind, in allen möglichen Funktionen erhalten sind, nur eben nicht in derjenigen, mit der sie in die Suffixkonjugation eingingen.

Sieht man einmal von diesem grundsätzlichen Einwand ab, so reicht bereits die Tatsache, daß die gesuchten Bausteine in der exakten Form (vgl. z. B. die Partizipialendungen) in historischer Zeit nur in Ausnahmefällen gefunden wurden, dazu aus, die Theorien als historische Erklärungen zu diskreditieren. Mit fortschreitender Kenntnis des Altägyptischen nahmen die hypothetischen – freilich als prähistorisch gedachten – Entwicklungsschritte in dem Maße zu, wie die exakten Übereinstimmungen der Bausteine der Suffixkonjugation mit in historischer Zeit belegten Formen abnahmen. Ohne die Absicherung des rekonstruierten Entwicklungsgangs durch exakte, historisch überprüfbare Belege, mußten die ursprünglich als historische gedachten Theorien notwendig zu nur noch systematischen Theorien werden, zu Erklärungen also, die aus mehr oder minder beliebig vorgebbaren Elementen den systemoiden Komplex der historisch belegten Suffixkonjugation auf die einfachst mögliche Weise erklären. Da solche systematischen Herleitungen nicht nach Maßgabe einer irgendwie gearteten historischen Wahrheit zu beurteilen sind, sondern allein nach ihrer Erklärungsstärke, d. h. nach ihrer Widerspruchsfreiheit, Vollständigkeit und Einfachheit, können ganz verschiedenartige, selbst sich gegenseitig widersprechende Theorien gleichzeitig gelten. Es gibt nicht *eine* richtige und viele falsche systematische Ableitungen der Suffixkonjugation, sondern beliebig viele, die sich durch ihre größere oder geringere Erklärungsstärke voneinander unterscheiden können. Die beste ist die, die mit dem geringsten Aufwand am meisten widerspruchsfrei erklärt; deshalb sind aber andere nicht einfach falsch.

Eine historische Theorie der Suffixkonjugation dürfte sich nicht darauf beschränken, das älteste belegte altägyptische Sprachsystem auf ein unbelegtes prähistorisches Sprachsystem zurückzuführen, sondern müßte eine gewisse Garantie dafür bieten, daß die Entwicklung gerade so verlief und nicht anders. Dieser Nachweis kann auf zweierlei Weise geführt werden, wobei natürlich die sichersten Resultate durch gleichzeitige Durchführung beider Nachweise zu erreichen sind:

1. Die Entstehung der Suffixkonjugation kann nicht mit einem plötzlichen Übergang eines Sprachsystems ohne Suffixkonjugation in ein Sprachsystem mit Suffixkonjugation erklärt werden, sondern nur als ein längerer Prozeß, in dem bestimmte Elemente eines prähistorischen Sprachzustands in Elemente des historischen Sprachzustands umfunktioniert wurden. Nimmt man an, daß dieser Prozeß nicht allzu weit in die Prähistorie zurückzudatieren ist – in Anbetracht der noch relativ großen Transparenz der historisch belegten Suffixkonjugation eine vernünftige Annahme –, so müßten sich Ausläufer dieses Prozesses oder Folgeentwicklungen und Gegenreaktionen des Sprachsystems auf diesen Prozeß in historischer Zeit nachweisen lassen.

2. Sofern zwischen den hamitosemitischen Sprachen und dem Altägyptischen ein engerer historischer Zusammenhang besteht – eine in Anbetracht der zahlreichen

Übereinstimmungen vernünftige Annahme —, müßte es möglich sein, die Rekonstruktion der prähistorischen Entwicklung so anzusetzen, daß damit nicht nur die Voraussetzungen für die Entstehung der Suffixkonjugation gegeben sind, sondern daß die prähistorische Entwicklung selbst aus ihren hamitosemitischen Voraussetzungen heraus erklärt werden kann.

Es wird zu zeigen sein, daß die Nomen-actionis-Theorie beide Forderungen erfüllt.

2. Theorien zum hamitosemitischen Ursprung der altägyptischen Suffixkonjugation

Wenn das Altägyptische in seiner Vorgeschichte jemals eine der hamitosemitischen Präfixkonjugation entsprechende Verbalflexion besaß, müssen sich Reste davon in der überlieferten Sprache finden. Dies ergibt sich mit hoher Wahrscheinlichkeit aus dem Befund des der semitischen Suffixkonjugation materiell und funktionell weitgehend entsprechenden Pseudopartizips. Die gute Übereinstimmung zwischen den beiden Sprachgruppen in diesem Fall[16] läßt es als unwahrscheinlich erscheinen, daß die Trennung des Altägyptischen und der semitischen Sprachen und der anschließende Verlust der Präfixkonjugation so weit in prähistorischer Tiefe liegen, daß sich sämtliche Spuren der Präfixkonjugation verloren haben sollten. Wie sich die angenommene Präfixkonjugation in historischer Zeit verhalten haben könnte, läßt sich am Befund des Pseudopartizips veranschaulichen: das Pseudopartizip wird zwar im Laufe der historischen Zeit durch die altägyptische Suffixkonjugation aus einer Reihe seiner angestammten Funktionen verdrängt, es verliert sogar die Flexion, es ist aber bis in allerspäteste, koptische Zeit, bis zum Aussterben der Sprache, — wenn auch in anderer Funktion — materiell vorhanden. Nun braucht man für die Präfixkonjugation keine ebenso große Zählebigkeit anzusetzen; man sollte aber erwarten, daß die Präfixkonjugation materiell mit mehr oder minder veränderten Funktionen und/oder mit mehr oder minder großen materiellen Veränderungen in historischer Zeit nachweisbar wäre, und sei es auch nur in irgendwelchen zu Wörtern erstarrten Syntagmen.

Beachtenswert ist, daß von ägyptologischer Seite nie recht die Möglichkeit gesehen wurde, Spuren einer Präfixkonjugation des hamitosemitischen Typs zu belegen. Höchstens ließ man die — oben als unwahrscheinlich bezeichnete — Lösung zu, daß die Präfixkonjugation im prähistorischen Altägyptisch vorhanden war, aber ohne Hinterlassung von Spuren ausgestorben ist[17].

Alle bemerkenswerten Versuche, Spuren der Präfixkonjugation im Altägyptischen nachzuweisen, gingen von Semitisten aus. Die Veranlassung liegt auf der Hand: Sollte bereits die hamitosemitische Grundsprache die beiden Konjugationsarten der Präfixkonjugation und der Suffixkonjugation besessen haben — eine in Anbetracht der Verbreitung auch über das Semitische hinaus naheliegende Annahme —, so müßte auch das Altägyptische Spuren davon zeigen, wenn es — worauf

[16] Vgl. Schenkel, Pseudopartizip.

[17] Erman, Flexion, 29 f. [345 f.]; ältere, vorsichtigere Formulierung: Erman, Neue Art, 81.

vieles hinweist — hamitosemitisch ist. Sollte dies — wie es nach ägyptologischer Beurteilung der Verhältnisse aussieht — nicht der Fall sein, läge die Annahme auf der Hand, daß das Altägyptische den Kontakt mit den eine Präfixkonjugation besitzenden hamitosemitischen Sprachen zu einem Zeitpunkt verlor, zu dem zwar die Suffixkonjugation bzw. das altägyptische Pseudopartizip schon bestand, die Präfixkonjugation aber noch nicht entstanden war. In der älteren Semitistik hätte eine solche Lösung teilweise heftigen Widerstand hervorgerufen, da manche Semitisten der Meinung waren, die Präfixkonjugation sei sprachgeschichtlich älter als die Suffixkonjugation[18]. Heute scheint ein solches Hindernis nicht mehr zu bestehen. Wäre es dann aber nicht möglich, daß die immer wieder erneuten Versuche, die Präfixkonjugation im Altägyptischen nachzuweisen, noch mit eine Folge dieser früheren Schwierigkeiten wären: daß die Aufgabenstellung ihren Zweck überlebt hätte? (Zu einer anderen Lösung des Problems siehe unten Abschnitt 5.5.2.)

Als Spuren der angenommenen altägyptischen Präfixkonjugation wurden, wenn man allzu spekulative Verbindungen mit dem Semitischen außer acht läßt[19], die folgenden angeführt:

1. die teilweise funktionale Übereinstimmung der Verbalformen der altägyptischen Suffixkonjugation (*sḏm=f* usw.) mit Verbalformen der (hamito)semitischen Präfixkonjugation[20];

2. die teilweise formale Übereinstimmung der Stammform der Verbalformen der altägyptischen Suffixkonjugation (*sḏm=f* usw.) mit funktional vergleichbaren Verbalformen der hamitosemitischen Präfixkonjugation[21];

3. die relikthaft in Formen der altägyptischen Suffixkonjugation (*sḏm=f* usw.) erhaltenen Präfixe[22].

Zu 1.: Die funktionale Entsprechung der Verbalformen — die durchaus in gewissem Umfang vorhanden ist — muß nicht aus hamitosemitischer Zeit, vor Trennung des Altägyptischen von den anderen hamitosemitischen Sprachen, datieren. Es könnte sich um Parallelentwicklung nach der Trennung ähnlich disponierter Sprachen handeln[23] oder auch — im gegebenen Fall muß man wohl sagen: notfalls — um gegenseitige Beeinflussung benachbarter Sprachen[24]. Schließlich sind Funktionen der in Rede stehenden Art so verbreitet, daß man sie auch für universell halten könnte.

Zu 2.: Der Vergleich der Opposition Akk. *iparras* versus *iprus* bzw. der Entsprechungen in anderen hamitosemitischen Sprachen mit der Opposition *mrr=f*

[18] Vgl. z. B. Bauer, Tempora, 7; 46; Praetorius, Hamitische Sprachen, 332; Haupt, Oldest Verbform; Wellhausen, Besprechung Nöldeke, 968; Klingenheben, Tempora.

[19] Siehe zu weitergehenden Vorschlägen besonders Thacker, Relationship, 168—241; Janssens, Contribution.

[20] Siehe besonders Thacker, Relationship, 169—76; 185—90; 209—16; Janssens, Contribution, §§ 4—7.

[21] Siehe besonders Greenberg, Afro-Asiatic Present, 7.

[22] Siehe besonders Janssens, Contribution, §§ 77—81.

[23] Vgl. Meillet, Convergence; Junge, SDM.F-Theorie.

[24] Vgl. Lewy, Europäische Sprachen.

versus *mrj=f* geht an dem Faktum vorbei, daß die Opposition *mrr=f* versus *mrj=f* nicht — wie man auch früher in der Ägyptologie annahm — die von Habitativ, Iterativ o. ä. versus Merkmallos ist: eine der wichtigsten Funktionen von *mrr=f*, der „emphatischen" Form, ist die als Nukleus eines als Subjekt fungierenden Satznomens, dessen Prädikat eine (betonte) adverbiale Bestimmung ist (siehe unten Abschnitt 5.2.6) — eine Funktion, die nicht gut auf Habitativ, Iterativ o. ä. zurückgeführt werden kann; und dies nicht, obwohl die hamitosemitische Opposition Habitativ, Iterativ o. ä. versus Merkmallos bei den formal vergleichbaren Partizipien *mrr.j/mrr.w* versus *mrj/mrj.w* im Altägyptischen noch nachgewiesen werden kann[25].

Zu 3.: Wiederholt wurde versucht, das altägyptische prothetische *j-* (Aleph prostheticum; *j*-Augment) mit dem *j*-Präfix der hamitosemitischen Präfixkonjugation zu identifizieren[26]. Am weitesten hat G. Janssens die Konsequenzen einer solchen Identifizierung verfolgt[27]: Er nimmt an, daß bei einem **j-sḏm=f* „er hört ihn" durch eine Objekt-Subjekt-Konversion das ursprüngliche Objektpronomen *=f* zum Subjektpronomen wird: **(j-)sḏm=f* „er hört". Gegen jede solche Lösung spricht, daß keine das schwierige Problem des prothetischen *j-* in dem Umfang berücksichtigte, wie es der jeweilige ägyptologische Kenntnisstand darbot, oder gar einer Gesamtbeurteilung zuführte. Es wird unten Abschnitt 4.2.2 darzulegen sein, wie das Problem, das auch für die in dieser Arbeit auszubauende Nomen-actionis-Theorie ein gewisses Interesse hat, zu lösen ist[28]; eine Identifikation mit dem *j*-Präfix der hamitosemitischen Präfixkonjugation dürfte nach dem altägyptischen Befund praktisch auszuschließen sein, jedenfalls wenn man verlangt, daß der Zusammenhang noch unmittelbar an den Fakten ablesbar sein soll.

Auffällig ist, daß nie der Versuch gemacht worden zu sein scheint, auch das *t-* und *n*-Präfix im Altägyptischen nachzuweisen. Immerhin wäre das möglich gewesen, nachdem entsprechende Präfixe für die prähistorische Wortbildung des Altägyptischen angesetzt worden waren[29]. Es wird dies teilweise seinen Grund darin haben, daß diese Präfixe bereits durch die semitische Wortbildung abgedeckt werden können. Aber wenn man schon ein *j*-Präfix nachzuweisen versucht, sollte man sich doch fragen, ob nicht auch eine, wenn auch geringe, Chance besteht, *t-* und *n*-Präfixe im Altägyptischen wiederzufinden.

Mit einem Geniestreich wollte O. Rössler das Problem der vermuteten altägyptischen Präfixkonjugation lösen[30]: Er ließ unter Hinweis auf einen ähnlich gelagerten Fall des Hausa *sḏm=f* aus **f=sḏm* durch Transposition von Stamm und Personal-

[25] Siehe besonders Polotsky, Etudes, 21—98; Gardiner, Besprechung Polotsky; Westendorf, Imperfektisch oder emphatisch; Polotsky, Tenses.

[26] Hommel, Grad der Verwandtschaft, 345—7; 355—8; Janssens, Contribution, besonders §§ 77—81.

[27] Janssens, Contribution, §§ 19—22; 69; 77—81.

[28] Siehe auch Schenkel, Besprechung Janssens.

[29] Feichtner, Erweiterte Verbalstämme, besonders 221—5; Feichtner, *t*-Präfix, besonders 302—16.

[30] Rössler, Verbalbau, 489—91.

element hervorgehen. Allerdings: die Hausa-Parallele ist ganz speziell gelagert, und es blieben andere Probleme (z. B. die unsemitische Form *f=* usw. des Präfixes). Da O. Rössler selbst diesen Ansatz nicht mehr vertritt[31], mag der Versuch auf sich beruhen.

Im allgemeinen gelangen semitistische Erklärungen der altägyptischen Suffixkonjugation nach der Erklärung der einfachsten Formen, des *sḏm=f* und seiner „Varianten", wenn sie überhaupt weitergehen, ziemlich rasch zu Deutungen, die vom ägyptologischen Standpunkt aus als allzu spekulativ abzulehnen sind.

Die Frage der Einbettung der altägyptischen Verbalflexion in die hamitosemitische wird unten Abschnitt 5.5 erneut gestellt werden.

[31] Klingenheben, Präfix- und Suffixkonjugation, 244, A. 59.

3. Theorien zur innerägyptischen Entstehung der altägyptischen Suffixkonjugation

3.1 *Einleitung*

Die Ägyptologie hat stets der innerägyptischen Erklärung der Suffixkonjugation den Vorzug vor der Ableitung aus prähistorischen hamitosemitischen Verhältnissen gegeben, und zwar offensichtlich deshalb, weil nur eine innerägyptische Erklärung bestimmten augenfälligen Übereinstimmungen der Suffixkonjugation mit anderen Phänomenen der altägyptischen Sprache in einer Weise Rechnung trägt, daß man sie alle auf einen gemeinsamen Ursprung zurückführen kann[32]. Jede hamitosemitische Erklärung der Suffixkonjugation verlangt eine kompliziertere innerägyptische Entwicklung als sie die innerägyptische Erklärung verlangt. Andererseits kompliziert die innerägyptische Erklärung der Suffixkonjugation nicht notwendigerweise die Erklärung der hamitosemitischen Vorgeschichte des Altägyptischen: das Altägyptische könnte sich vor Entstehung der hamitosemitischen Präfixkonjugation von den übrigen hamitosemitischen Sprachen getrennt haben; es wird allerdings damit vorausgesetzt, was in der Semitistik, wie oben Abschnitt 2 erwähnt, — aus heute wohl nicht mehr akzeptablen Gründen — oft bezweifelt wurde, daß nämlich die hamitosemitische Suffixkonjugation, die als Pseudopartizip im Altägyptischen erhalten ist, vor der hamitosemitischen Präfixkonjugation entstanden ist (siehe weiter: unten Abschnitt 5.5.2).

Ist somit der Versuch einer innerägyptischen Erklärung der altägyptischen Suffixkonjugation grundsätzlich legitimiert, so stellt sich die Frage, ob die Richtungen, in denen man Lösungen suchte, ebenso gut motiviert sind. Die Frage ist zu verneinen. Es läßt sich nämlich zeigen, daß die Auswahl der bis heute erprobten Lösungswege auf sehr frühen Entscheidungen vor allem A. Ermans und K. Sethes beruhen, die beim heutigen Kenntnisstand nicht mehr in derselben Weise gefällt werden dürften. Um die Problemstellung und die Weite der Lösungsmöglichkeiten wieder voll zu restituieren, ist es daher erforderlich, die Voraussetzungen der heutigen Communis opinio bei A. Erman und K. Sethe klarzulegen.

Der folgende Abschnitt (3.2), dem die Aufgabe der Explikation der Problemstellung zukommt, vereinfacht vielfach die Details. Diese werden im notwendigen Umfang erst von Abschnitt 3.3 an erörtert.

[32] Vgl. Polotsky, Egyptian, 130—4, besonders 130.

3.2 *Nomen und (nominaler) Nominalsatz als Basis für die innerägyptische Erklärung der Suffixkonjugation*

3.2.1 Die Personalsuffixe

Ausgangspunkt für die innerägyptische Erklärung der Suffixkonjugation ist die auffällige vollständige Übereinstimmung der suffigierten Personalelemente mit den Possessivpronomina, die an Substantive suffigiert werden[33]:

	Sg.	Pl.	Du.
1.	*=j*	*=n*	*=nj*
2. m.	*=k*	*=ṯn*	*=ṯnj*
f.	*=ṯ*		
3. m.	*=f*	*=sn*	*=snj*
f.	*=s*		

Z. B. *sḏm=f* „er hört" neben *pr=f* „sein Haus".

Neben dieser nächstliegenden und im allgemeinen bevorzugten Identifikation der Personalsuffixe läßt sich systematisch und historisch auch noch die mit den enklitischen Personalpronomina vertreten, die als Zweitnomen im Nominalen Nominalsatz belegt sind[34]:

	Sg.	Pl.	Du.
1.	*wj* < **jw*	*n*	*nj*
2. m.	*ṯw* < **kw*	*ṯn*	*ṯnj*
f.	*ṯm/ṯn* < **kj* (??)		
3. m.	*sw*	*sn*	*snj*
f.	*sj*		

Z. B. *sḏm=f* „er hört" < *sḏm* **fj/sw* neben *nfr sw* „er ist gut" < *nfr* **fj/sw*.

Da Possessivsuffixe und enklitische Pronomina im Plural und Dual ohnehin — soweit erkennbar — identisch sind, bestehen Probleme allenfalls im Singular. Die enklitischen Pronomina scheinen im Singular aus den auch in den Possessivsuffixen vorhandenen (ersten) Konsonanten und einem zusätzlichen Konsonanten (*w* bzw. *j*, evtl. noch *m/n*) entstanden zu sein. Lediglich in der 3. m. sg. steht dem *s* des enklitischen Pronomens ein *f* des Suffixes entgegen. Es ist dies ein Problem, das unabhängig vom Problem der Entstehung der Suffixkonjugation im Rahmen der Erklärung der hamitosemitischen Sprachen gelöst werden muß und für das auch eine Lösung gefunden werden kann (entweder *=f* < *=s oder auch *sw* < **fw*; beide

[33] Vgl. Erman, Flexion, 30 [346].
[34] Vgl. Erman, Flexion, 30—3 [346—8]; Erman, Entstehung, 123.

Lösungen lassen sich aus einer Tabelle K. Sethes gleich gut ableiten[35]; oder eher: *=f* < Demonstrativelement *p*, hätte also etymologisch nichts mit *sw* zu tun). Dagegen dürfte der Hinweis auf das Suffix *=fj* des *sḏm.tj=fj* als ältere Form des enklitischen Pronomens der 3. m. sg.[36] fragwürdig sein, zumal auch die Entstehung des *sḏm.tj=fj* nicht besser geklärt ist als die der Suffixkonjugation; es liegt hier die Vermutung nahe, daß *j* in *=fj* nur aus lautlichen Gründen steht (nach *j* in *tj*), so wie die Personalsuffixe nach auf *j* auslautenden Dualen ein zusätzliches *j* erhalten, z. B. *rd.wj=fj* „seine beiden Füße", neben *rd=f* „sein Fuß".

Sollte das Personalelement der Suffixkonjugation aus dem enklitischen Pronomen entstanden sein, müßte man annehmen, daß es lautlich reduziert wurde. Dabei wäre die einfachste Annahme, die Suffixpronomina, d. h. sowohl die Personalelemente der Suffixkonjugation als auch die Possessivpronomina, seien insgesamt nichts anderes als lautlich reduzierte enklitische Pronomina. Es wäre also wie *sḏm=f* „er hört" < **sḏm sw* so auch *pr=f* < **pr sw* entstanden[37]. Nimmt man an, daß Possessivpronomina und enklitische Pronomina in der interessierenden Zeit immer verschieden waren — die enklitischen Pronomina lassen sich als Possessivpronomina + *j* bzw. *w* (bzw. evtl. noch *m/n*) erklären —, so müßten die Personalelemente der Suffixkonjugation und nur diese nach Umfunktionierung zu Suffixen lautlich reduziert worden sein, beispielsweise unter Systemzwang durch die Personalsuffixe des Plurals und des Duals, die ihrer Form nach ambivalent sind und somit statt als enklitische Pronomina auch als Suffixpronomina interpretiert werden können.

Welche der beiden Erklärungen man wählt – die naheliegende Erklärung der Personalelemente als Possessivpronomina oder die kompliziertere als enklitische Pronomina —, hängt, abgesehen von Einfachheitserwägungen, davon ab, ob man für den Verbalstamm eine passende morphologische Erklärung und für das Syntagma Verbalstamm + Personalpronomen eine passende syntaktische Erklärung findet, aus denen für die Verbindung Verbalstamm + Personalelement die bekannte Bedeutung der Verbalformen abgeleitet werden kann.

3.2.2 Nominalkomplex oder Nominaler Nominalsatz

In Abhängigkeit davon, ob das Personalelement der Suffixkonjugation als Possessivpronomen oder als enklitisches Pronomen erklärt wird, ist die gesamte Verbalform nach den Möglichkeiten der altägyptischen Syntax entweder auf einen Nominalkomplex oder auf einen Nominalen Nominalsatz zurückzuführen:

1. Ist das Personalelement ein Possessivpronomen, so ist das gesamte Syntagma ein Nominalkomplex; z. B. *sḏm=f* „er hört" < *„sein Gehörtes", *„sein Hören" o. ä., entsprechend *pr=f* „sein Haus".

[35] Sethe, Verbum, II, § 978, S. 424.
[36] Vgl. Sethe, Verbum, II, § 978.
[37] Vgl. Erman, Entstehung, 123 f.

2. Ist das Personalelement ein enklitisches Pronomen, so ist das gesamte Syntagma ein Nominaler Nominalsatz; z. B. *sḏm=f* „er hört“ < **sḏm fj* „er ist hörend/ein Hörender“ o. ä., entsprechend *nfr sw* (*sw* ~ **fj*) „er ist schön/ein Schöner“.

Konstruktionen mit nominalem „Subjekt“ lassen ebenfalls beide Erklärungen zu, da in diesem Fall – anders als bei „echter“ Verbalflexion[38] – statt eines Pronomens einfach ein Nomen steht: *sḏm sn* „der Bruder hört“ läßt sich sowohl als *„das Gehörte des Bruders“, *„das Hören des Bruders“ o. ä. erklären wie auch als *„der Bruder ist hörend/der Hörende“.

Sätze (im Fall 1) bzw. kompliziertere Sätze, insbesondere solche mit Objekt, (in beiden Fällen) lassen sich durch Einbettungen erklären, und zwar entweder (a) durch Einbettung des Nominalkomplexes in einen Nominalen Nominalsatz oder in einen Adverbialen Nominalsatz (z. B. *sḏm=f sn* „er hört den Bruder“ < *{*sḏm=f*} *sn* „sein Gehörtes ist der Bruder“; *prr=f m pr* „Aus dem Haus kommt er heraus“ < *{*prr=f*} *m pr* „Daß er herausgeht, ist aus dem Haus“) oder (b) durch Einbettung eines durch das Verb dominierten Syntagmas (z. B. **sḏm sn* „(das) den Bruder Hören“) oder „((der) den Bruder hörende“) an der Verbalstelle (z. B. *sḏm=f sn* „er hört den Bruder“ < *„sein den Bruder Hören“; oder < **sḏm fj sn* „den Bruder hörend ist er“, wobei eventuell noch die Satzstellung zu klären wäre). Es ist zu beachten, daß die Lösungen (a) und (b) nicht ein-eindeutig den Lösungen 1 und 2 zugeordnet werden können.

Der Einwand H. Junkers gegen die Ableitung der Suffixkonjugation aus einem Nominalkomplex, eine Genitivverbindung sei kein Satz[39], war zwar insofern gerechtfertigt, als die Theorien der Entstehung der Suffixkonjugation nicht ausdrücklich genug auf die notwendige Einbettung der Nominalkomplexe eingingen, ist aber wegen der Möglichkeit der Einbettung irrelevant.

3.2.3 Der Verbalstamm, ein Nomen

Sowohl als Nukleus eines Nominalkomplexes (zusammen mit dem Possessivpronomen als Satelliten) als auch als Erstnomen eines Nominalen Nominalsatzes (zusammen mit dem enklitischen Pronomen als Zweitnomen) ist der Verbalstamm ursprünglich ein Nomen. Die Art des Nomens läßt sich einschränken: aus Gründen der Semantik kommt nur ein Verbalnomen in Frage, d. h. ein Nomen, das eine Tätigkeit oder einen Vorgang bezeichnet, und das eventuell mit finiten Verbalformen korrespondiert, nämlich mit dem Pseudopartizip und/oder dem Imperativ.

An Verbalnomina kennt das Altägyptische zwei Arten, die sich durch ihre Genusvariabilität bzw. Genusinvariabilität voneinander unterscheiden:

1. Verbalsubstantive: Infinitiv(e), Komplementsinfinitiv(e), Negativkomplement(?) und eventuell andere Nomina actionis.

[38] Vgl. Satzinger, Äthiopische Parallelen, 163, A. 3.
[39] Siehe Rössler, Verbalbau, 489.

2. (Substantivierbare) Verbaladjektive: Partizipien, Relativformen, Verbaladjektiv *sḏm.tj=fj* (von denen die beiden letzten für die Erklärung der Suffixkonjugation nicht in Frage kommen: das Verbaladjektiv *sḏm.tj=fj* ist ähnlich oder gleich gebaut wie die Suffixkonjugation und daher selber in diesem Zusammenhang erklärungsbedürftig; die Relativformen sind entweder Spezialverwendungen der Partizipien oder, jedenfalls möglicherweise im Falle der *sḏm.n=f*-Relativform, Spezialverwendungen der Suffixkonjugation selbst).

Der Verbalstamm der Suffixkonjugation ist — sieht man eventuell von der speziellen Verwendung als Relativform ab — genusinvariabel. Sollte der Verbalstamm auf ein Verbalsubstantiv zurückzuführen sein, so entspricht dies der Erwartung. Sollte der Verbalstamm dagegen auf ein Verbaladjektiv zurückzuführen sein, so sind zwei Fälle zu unterscheiden:

1. Wird die Suffixkonjugation auf einen Nominalen Nominalsatz zurückgeführt, so ist Genusinvariabilität zu erwarten, da entsprechende Nominale Nominalsätze in historischer Zeit ebenfalls Genusinvariabilität zeigen: *sḏm=s* „sie hört" < **sḏm sj* „sie ist hörend" ist zu vergleichen mit *nfr sj* (nicht **nfr.t sj*) „sie ist schön".

2. Wird die Suffixkonjugation auf einen Nominalkomplex zurückgeführt, so muß wohl eine Ad-hoc-Erklärung — eine Analogiebildung zum Satztyp *nfr sj* „sie ist schön" — gegeben werden: *sḏm=s sn.t* „sie hört die Schwester" < **sḏm=s sn.t* „ihr Gehörtes ist die Schwester" < **sḏm.t=s sn.t* „ihre Gehörte ist die Schwester".

Von Bedeutung ist bei der Heranziehung von Verbalsubstantiven und Verbaladjektiven zur Rekonstruktion der innerägyptischen Entstehung der Suffixkonjugation nur, daß die beiden Kategorien der Verbalsubstantive und Verbaladjektive innerägyptisch vorhanden sind, nicht dagegen, daß genau die Verbalsubstantive und Verbaladjektive, die zur Rekonstruktion herangezogen werden, in historischer Zeit belegbar sind. Von vornherein muß nämlich mit der Möglichkeit gerechnet werden, daß diejenigen Bildungstypen von Verbalsubstantiven bzw. Verbaladjektiven, die in die Suffixkonjugation eingingen, auf diese Funktion eingeschränkt wurden und daher in historischer Zeit nicht mehr selbständig außerhalb der Suffixkonjugation existierten. Dies steht in schroffem Gegensatz zur Verfahrensweise einiger Ägyptologen, die eine Lösung gerade dann verwerfen zu müssen glaubten, wenn die herangezogenen Formen in historischer Zeit nicht belegbar waren[40]. Die Ironie des Schicksals wollte es, daß kaum eine der Lösungen, die als diesem falschen Kriterium genügend angesehen wurde, beim heutigen Kenntnisstand diesem Kriterium noch genügt (siehe unten, besonders Abschnitt 3.3.2 und 3.3.3).

3.2.4 Forschungsstand

Von den hier entwickelten Lösungen, die alle schon von A. Erman und K. Sethe einmal ansatzweise formuliert wurden, wurde nur ein Teil bisher systematisch aus-

[40] Vgl. z. B. Sethe, Verbum, II, § 136.

gebaut und erprobt. Die Lösung mit Verbalsubstantiven ist, obwohl sie sich als erste und einfachste anbot, früh von K. Sethe und A. Erman verworfen worden, und zwar aus Gründen, die beim heutigen Wissensstand nicht mehr zu rechtfertigen sind (siehe unten Abschnitt 3.4). Unter den Lösungen mit Verbaladjektiven ist etwas später diejenige mit aktiven und passiven Partizipien durch K. Sethe und A. H. Gardiner zugunsten einer Lösung mit nur passiven Partizipien verdrängt worden und über einige unzulängliche Versuche nicht hinausgelangt (F. Lexa). Es wird zu zeigen sein, das alle diese Lösungswege reelle Möglichkeiten zu einer (wenigstens systematischen, wenn nicht historischen) Erklärung der Suffixkonjugation bieten. Es wird ferner zu zeigen sein, daß die am meisten favorisierte Theorie, die die Suffixkonjugation als aus passiven Partizipien entstanden erklärt, relativ geringen Erklärungswert hat, daß dagegen die am meisten vernachlässigte Lösung, die Erklärung durch Verbalsubstantive, relativ hohen Aufschlußwert besitzt.

3.3 *Die Partizipial-Theorien*

3.3.1 Die Aktiv-Passiv-Theorie A. Ermans

Nach tastenden Versuchen K. Sethes[41] und nach Zurückweisung einer Erklärung durch Infinitive[42] (siehe dazu unten Abschnitt 3.4) machte A. Erman den Versuch, im syntaktischen Rahmen des Nominalen Nominalsatzes aktive Verbalformen der Suffixkonjugation (jedenfalls des *sḏm=f*) auf aktive Partizipien, passive Verbalformen der Suffixkonjugation (jedenfalls das *sḏm.w·f*) auf passive Partizipien zurückzuführen, und zwar auf imperfektische Partizipien[43]. Im einzelnen beruht A. Ermans Ansatz teilweise auf Voraussetzungen, die heute nicht mehr gelten oder jedenfalls heute bestreitbar sind:

1. Er nimmt an, daß es sich bei den der Suffixkonjugation zugrundeliegenden Partizipien um diejenigen Partizipien handelt, die auch als solche in historischer Zeit belegt sind. — Diese Annahme, mit der wohl zwar alle Nachfolger A. Ermans, besonders A. H. Gardiner und W. Westendorf gerechnet haben, ist nach dem heutigen Stand der Erklärung der Suffixkonjugation für die historische Zeit nicht haltbar, sondern könnte höchstens für die prähistorische Zeit angenommen werden (z. B. heißt das PPP von *mrj* *mrj.w* > *mrj.j*, dagegen das von einem PPP abgeleitete *sḏm.n=f* *mrj.n=f* ohne *w*; vgl. weiter: unten Abschnitt 3.3.3).

2. Er nimmt an, daß im aktiven *sḏm.w=f*, das nach dem damaligen Stand der Textinterpretation nur vor nominalem Subjekt belegt war, die ursprüngliche

[41] Sethe, Verbum, II, §§ 136; 358; 369; 399; 420 f.; 437.
[42] Erman, Flexion, 30—4 [346—50]; Erman, Entstehung.
[43] Sethe, Verbum, II, § 136; Erman, Flexion, 30 [346].

Form des *sḏm=f* vorliegt[44]. — Nach der erneuten Untersuchung des *sḏm.w=f* durch E. Edel[45], die vor allem Belege mit pronominalem Subjekt sicher nachwies, gelten *sḏm=f* und *sḏm.w=f* als zwei besondere Verbalformen; allerdings hat W. Westendorf noch einmal den Versuch unternommen, *sḏm.w=f* als die ältere Form des „prospektiven" *sḏm=f* zu erklären[46] (siehe weiter: unten Abschnitt 4.2.2).

3. Er nimmt an, daß das PIA die Endung *-w* hat[47]. — Nach E. Edel[48] ist diese Endung in der ältesten überlieferten Form nicht *-w*, sondern *-j*. Erst später (Mittleres Reich) tritt daneben *-w* auf, das entweder orthographisch zu erklären ist als pseudohistorische Schreibung einer Silbe, deren schließender Konsonant *j* > ʾ > Ø wurde und damit mit Silben zusammenfiel, deren schließender Konsonant *w* > ʾ > Ø wurde, oder auch als Schwankung zwischen *-w* und *-j* im Mittleren-Reichs-Ägyptisch.

4. Er erklärt den Gegensatz zwischen geminierenden und nicht-geminierenden Formen als Folge einer unterschiedlichen Betonung im Satz ursprünglich identischer Formen; so entsteht aus dem PIA *mr⊥j∪w*, das unter Erhaltung der Akzentstelle (emphatische Form) zu *mr⊥r∪w* wird und als solches belegt ist, nach Akzentverlagerung (nicht-emphatische Form) und dadurch bedingter Erhaltung des *j* das passive *sḏm.w=f* *mr_j*∪́*w*[49]; denn — wie A. Erman bei der Erklärung der Entstehung der geminierenden Formen bei Verben IIIae inf. bemerkt —: „Es muss den Aegyptern der alten Zeit in bestimmten Fällen unangenehm gewesen sein, einen Vokal in offener Silbe vor *j* und *w* (**ᵉmśôjef*, **nᵉḏrôwek*) zu sprechen, und sie haben es daher vorgezogen, in einem solchen Falle die Formen an die II. gem. und III. gem. anzulehnen und **ᵉmśôśef*, **nᵉḏrôrek* zu sprechen"[50]. — Eine ingeniöse Idee, die allerdings den in der Zwischenzeit erkannten Bedeutungen der Formen nicht mehr Rechnung trägt; so läßt sich die Opposition *mrj=f* : *mrr=f* nach H. J. Polotskys Ansätzen[51] nicht mehr gut auf den Gegensatz emphatisch : nicht-emphatisch (NB: emphatisch im ursprünglichen, Ermanschen Sinn) und damit auf eine unterschiedliche Betonung im Satz zurückführen (siehe weiter: unten Abschnitt 5.2.6).

5. Er kennt die Partizipialendung *-w* nur bei PIP, nicht bei PPP[52], wo sie nach heutiger Kenntnis ebenfalls vorkommt.

6. Er betrachtet die Form *sḏm.wn=f* fälschlich als die ursprüngliche Form der Relativform *sḏm.n=f*[53].

[44] Erman, Sprache Westcar, § 65 A; Sethe, Verbum, II, § 175; Erman, Entstehung, 127.
[45] Edel, AäG, §§ 511—31.
[46] Westendorf, *sḏmwf*.
[47] Erman, Entstehung, 127; vgl. Sethe, Verbum, II, § 858.
[48] Edel, AäG, §§ 629 f.
[49] Erman, Flexion, 13 f. [329 f.]; 25 f. [341 f.]; Erman, Entstehung, 126 f.
[50] Erman, Flexion, 5 [321].
[51] Polotsky, Etudes, 69—96.
[52] Erman, Flexion, 34 [350].
[53] Erman, 23; vgl. Sethe, Verbum, II, § 805.

A. Ermans Lösungen sind:

1. Nicht-emphatisches *sḏm=f (mrj=f)* / *sḏm.w=f* und emphatisches *sḏm=f (mrr=f)*[54]:

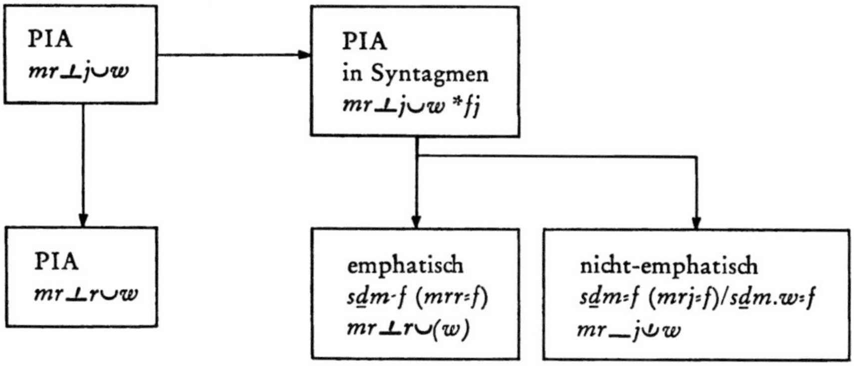

2. (Nicht-emphatisches) *sḏm.w=f*-Passiv[55] und (emphatisches) *sḏmm=f*-Passiv[56]:

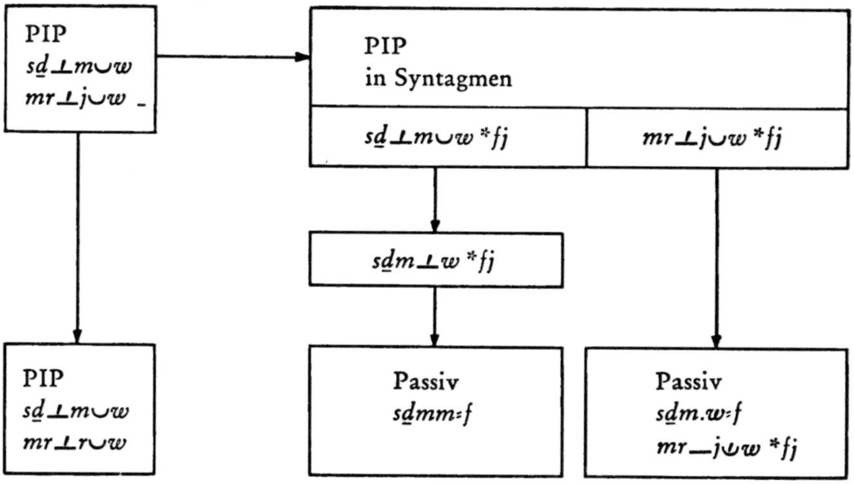

3. Die Verbalformen *sḏm.n=f*, *sḏm.jn=f*, *sḏm.ḫr=f*, *sḏm.kꜣ=f* enthalten wohl eine enklitische Konjunktion (*n*, *jn*, *ḫr*, *kꜣ*), im übrigen entspricht ihre Entstehung der des *sḏm=f*, z. B. **sḏm kꜣ fj* > *sḏm.kꜣ=f*[57]. Die Erklärung von *n*, *jn*, *ḫr*, *kꜣ* als

[54] Erman, Flexion, 13 f. [329 f.]; 15 [331]; Erman, Entstehung, 126 f.
[55] Erman, Entstehung, 127.
[56] Erman, Flexion, 5 [321], A. 3; 18 [334]; Erman, Entstehung, 128 (Analogie zu IIIae gem. und IVae inf.).
[57] Erman, Flexion, 16 [332].

Präpositionen, die später bevorzugt werden sollte (siehe unten Abschnitt 3.3.3 und 3.3.4), sucht A. Erman durch folgende Argumente auszuschließen[58]:

a) *n*, *jn*, *ḫr*, *kꜣ* sind untrennbar mit dem Verbalstamm verbunden; es heißt *sḏm.jn st nṯr* „der Gott hörte es", während man bei Ansatz von Präpositionen **sḏm st jn nṯr* erwarten sollte.

b) *kꜣ* ist nicht als Präposition belegt.

Zusätzlich ist darauf hinzuweisen — was A. Erman nicht tut —, daß eine Erklärung mit Präpositionen semantisch kaum zu dem von A. Erman angesetzten aktiven Partizip paßt, sondern, wie in späteren Lösungen durchgeführt, passive Partizipien voraussetzt (siehe unten Abschnitt 3.3.3 und 3.3.4).

4. Die Relativformen (*sḏm.w=f*, **sḏm.wn=f*) werden von A. Erman beim ersten Erklärungsversuch von der Suffixkonjugation abgeleitet (*sḏm=f*, *sḏm.n=f*), unter Anfügung der substantivischen Endungen (m. *w*, f. *t*) an den Verbalstamm[59], später direkt von den aktiven Partizipien[60] (zu letzterem Ansatz siehe unten Abschnitt 5.2.7).

5. Das Verbaladjektiv *sḏm.tj=fj* wird aus einem Satz entsprechend der Ableitung des *sḏm=f* abgeleitet: *sḏm.tj=fj* „einer der hören wird" < **sḏm.tj fj* „er ist ein Hörenwerdender", wobei *sḏm.tj* als Nisbebildung zu einem Infinitiv *sḏm.t* angesetzt wird (zu diesem Infinitiv vgl. den folgenden Punkt 6.)[61]. Die in historischer Zeit allein belegte attributive oder substantivische Verwendung des *sḏm.tj=fj* wäre demnach sekundär gegenüber der als Satz.

6. Das *tw* des *tw*-Passivs ist ein Nomen *tw* „man"[62], z. B. *sḏm.tw* „wird gehört" < **sḏm tw* „man ist hörend", eine Erklärung, die von W. Westendorf präzisiert werden sollte (siehe unten Abschnitt 5.2.3).

7. Die einzige Form der Suffixkonjugation, die nicht auf ein Partizip zurückgeführt wird, ist das *sḏm.t=f*. Da A. Ermans Ansatz nicht durch das schwierige narrative *sḏm.t=f*, das erst jetzt endgültig eliminiert sein dürfte[63], beeinträchtigt ist, *n sḏm.t=f* nicht in Betracht gezogen wird, sondern nur die Verbindung Präposition + *sḏm.t=f* zu erklären ist, bestand für ihn kein Grund, *sḏm.t=f* mit der Suffixkonjugation überhaupt in Verbindung zu bringen. Die Erklärung als Infinitiv wirft lediglich das Problem auf, wieso starke (dreiradikalige) Verben, deren Infinitiv sonst maskulin ist, die Endung *-t* haben, das aber durch einen Hinweis auf die Komplementsinfinitive, die bei starken (dreiradikaligen) Verben ebenfalls eine Endung *-t* haben können, erledigt wird[64].

Ohne Frage ist A. Ermans Theorie, zu ihrer Zeit ein beachtlicher Versuch, auf dem Hintergrund des heute verfügbaren Wissens über die historisch belegten Formen in den Einzelheiten als überholt zu betrachten. Auf dem gleichen Hintergrund

[58] Erman, Flexion, 16 [332].
[59] Erman, Flexion, 23 [339].
[60] Erman, Entstehung, 127.
[61] Erman, Flexion, 27 [344].
[62] Erman, Flexion, 33 [349].
[63] Schenkel, *sḏm.t=f*.
[64] Erman, Flexion, 22 [338].

erscheint aber auch – wie zu zeigen sein wird – die Passiv-Theorie, die später an die Stelle der Ermanschen gesetzt und mehr oder minder zur Communis opinio wurde, nicht als in jedem Punkt ihr überlegen, da zu ihrer Begründung ebenfalls Argumente benutzt wurden, die heute nicht mehr gültig sind (siehe unten Abschnitt 3.3.2 – 3.3.3). Leider wurde der Kern des Ermanschen Ansatzes – aktive Verbalformen entstehen aus aktiven Partizipien, passive aus passiven – im Schlagschatten der Passiv-Theorie nicht sehr gründlich fortentwickelt, obwohl er entwicklungsfähig ist; siehe unten Abschnitt 3.3.4.

In anderer Hinsicht wirkte sich bereits der Ermansche Ansatz selbst nachteilig aus: der Versuch einer Problemlösung auf der Basis von Verbalsubstantiven wurde bereits in dieser frühen Phase abgeschnitten, und zwar aus Gründen, die heute ebenfalls nicht mehr haltbar sind; siehe unten Abschnitt 3.4.

3.3.2 Der Ansatz zu einer Passiv-Theorie bei K. Sethe

Ohne sich mit dem älteren Ansatz A. Ermans[65] und mit seinen eigenen früheren Beobachtungen[66] auseinanderzusetzen, schlägt K. Sethe vor, die mit den Formativen *-n-*, *-jn-*, *-ḫr-* und *-kꜣ-* gebildeten aktiven Verbalformen von passiven Partizipien (PPP, nicht PIP) mit folgenden Präpositionen abzuleiten (letzteres mit der Ausnahme von *-kꜣ-*)[67]. Z. B. *sḏm.n=f ḫrw=k* „er hat deine Stimme gehört" < **sḏm n-f ḫrw=k* „gehört ist ihm deine Stimme".

K. Sethe weist, um eine solche Erklärung sprachpsychologisch plausibel zu machen, auf ähnliche Entwicklungen in anderen Sprachen hin:

1. auf den Ersatz des alten Perfekts durch passives Partizip mit folgendem „Dativ" im Syrischen (passives Partizip + *le* + Personalsuffix): *š̌mīʿ li* X „ich habe X gehört" < „gehört ist mir X"[68].

2. auf moderne europäische Sprachen, die das Perfekt mit „haben" umschreiben (dessen mögliches Äquivalent, Präposition + Personalsuffix/Nomen, das *sḏm.n=f* bildet): „ich habe deine Stimme gehört", „j'ai entendu ta voix"[69].

Ein Problem bleibt bei der Erklärung der Präpositionen *kꜣ*, das als solche nicht belegt ist. Man könnte selbstverständlich *kꜣ* als Präposition hypothetisch ansetzen. Eine andere Lösung, die K. Sethe vorschlägt, ist die, in *kꜣ=j* (nach K. Sethes nicht sehr überzeugender Argumentation aber kaum in *jn=j*, *ḫr-j*) einen zwischengeschobenen Satz anzusetzen[70]: z. B. *sḏm.kꜣ=j ḫrw=k* < **sḏm – kꜣ=j – ḫrw=k* „gehört ist – so denke ich – deine Stimme". Am Ansatz eines passiven Partizips (PPP) ändert sich dadurch nichts.

[65] Erman, Flexion; Erman, Entstehung.
[66] Sethe, Verbum, II, §§ 136; 358; 369; 399; 420 f.; 437.
[67] Sethe, Sekundäre Verben, 140 f.; Sethe, Ursprung.
[68] Vgl. Junge, SDM.F-Theorie, 330–3.
[69] Vgl. Polotsky, Egyptian, 132; Gardiner, EG¹, § 411, 2.
[70] Siehe schon Sethe, Verbum, II, §§ 399; 421; 437.

Ebenso wie die genannten vier Verbalformen führt K. Sethe das passive *sḏm.w=f* auf ein perfektisches Partizip (PPP) zurück, und zwar deshalb, weil der Stamm des *sḏm.w=f* in historischer Zeit mit dem des PPP, nicht mit dem des PIP übereinstimmt, d. h. keine Gemination zeigt.

Das Passiv *sḏmm=f* wird als Piʿlēl-Stammbildung verstanden und mit dem 9. Stamm des Arabischen (*iqtalla*) verglichen, der auf Eigenschaftsverben, namentlich auch Farbbezeichnungen, beschränkt ist.

Die beiden damals bekannten Relativformen werden aus Partizipien abgeleitet, und zwar die Relativform *mrj.n=f* (vielmehr bei K. Sethe *mrj.w-n=f*) aus einem perfektischen Partizip (PPP), die Relativform *mrr.w=f* aus einem imperfektischen Partizip (PIP).

Beim heutigen Stand der Kenntnisse hätte man an Einzelheiten wohl nicht viel mehr zu korrigieren als den Ansatz der *sḏm.n·f*-Relativform (*mrj.n=f* statt *mrj.w-n=f*), was K. Sethes Ableitung von einem passiven Partizip verhindert, solange man — wozu K. Sethe eine starke Neigung hat (siehe unten) — auf der Identität der Formen mit historisch nachweisbaren besteht; und die Einführung der Relativform *mrj.w=f* als andere perfektische Relativform, die nach der heutigen Communis opinio wirklich von einem PPP abzuleiten ist (siehe aber unten Abschnitt 5.2.7).

Der hauptsächliche Einwand gegen K. Sethe ist der, daß das Verbalsystem aus vielen disparaten Elementen zusammengewürfelt erscheint. K. Sethe zeigt sich auch hier als der eminente Philologe, der er war: seine überragende Fähigkeit, vereinzelte Fakten präsent zu halten, hindert ihn daran, in der Unübersichtlichkeit der Rekonstruktion ein Verdachtsmoment gegen die Adäquatheit der theoretischen Erklärung zu wittern, wie es ein Vollblut-Theoretiker täte.

K. Sethes Prinzip ist, alle Formen, so weit wie irgend möglich, aus solchen Formen abzuleiten, die auch in der historisch faßbaren Sprache noch belegt sind — ein durchaus anfechtbares Prinzip, da selbstverständlich die Ausgangsformen verlorengegangen sein können.

Im einzelnen sind, besonders gegenüber A. Ermans klarem, wenn auch sachlich heute — weniger schon zu K. Sethes Zeiten — angreifbarem Konzept, folgende Unregelmäßigkeiten anzuführen:

1. Alle aktiven Verbalformen werden von passiven Partizipien abgeleitet, mit einer einzigen Ausnahme: dem *sḏm=f*, für das A. Ermans Ableitung aus aktiven Partizipien bestehenbleibt.
2. Obwohl eine Proportion

   SK *sḏm.n=f* : RF *sḏm.w-n·f* =
   SK *sḏm=f* (*mrr=f*) : RF *sḏm.w=f* (*mrr.w=f*)

auf der Hand liegt, werden nur drei der vier Formen von passiven Partizipien abgeleitet, das *sḏm=f* allein von einem aktiven.

3. Während *-jn-* in *sḏm.jn=f* und *-ẖr-* in *sḏm.ẖr=f* Präpositionen sein sollen, wird *-kꜣ-* in *sḏm.kꜣ=f* gleichzeitig als Verb erklärt.
4. *sḏmm=f* wird durch eine Spezialerklärung eingeführt, die ohne Zusammenhang mit allen übrigen Erklärungen stehen bleibt.

Statt A. Ermans System explizit zu widerlegen, behauptet K. Sethe lediglich, in den Einzelheiten die richtigen Lösungen zu besitzen. Implizit weist er A. Ermans Lösung allerdings teilweise durch die — fragwürdige — Forderung zurück, die Genese der Verbalformen auf historisch belegte Formen zu beziehen. Die Form der apodiktischen Behauptungen im einzelnen und der Mangel an Systematik verweisen K. Sethes Vorschläge in das Vorfeld der Problemlösung.

3.3.3 Die Passiv-Theorie A. H. Gardiners und W. Westendorfs

Der Ansatz passiver Partizipien als Basis auch aktiver Formen der Suffixkonjugation, der in K. Sethes Vorschlägen enthalten ist, wurde von A. H. Gardiner zu einer Passiv-Theorie systematisiert, in der sämtliche Formen der Suffixkonjugation auf passive Partizipien zurückgeführt werden[71]. Der Kern des Systems ist eine strenge Parallelisierung einiger Formen der Suffixkonjugation mit den Relativformen:

	Relativformen	Suffixkonjugation
Imperfektisch	*mrr.w=f*	*mrr=f*
Prospektiv bzw. Perfektisch	*mrj.w=f*	*mrj=f*
(Perfektisch)	*mrj.(w)n=f*	*mrj.n=f*

In beiden Spalten, der Relativformspalte und der Suffixkonjugationsspalte, ist je eine Form abgeleitet:

1. von einem (geminierenden) PIP;
2. von einem prospektiven passiven Partizip[72] bzw., wie A. H. Gardiner selbst später — nachdem sich der Ansatz prospektiver Partizipien nicht bewährt hatte — sagt[73]: von einem PPP;
3. von einem weiteren passiven Partizip, dessen Natur nicht ganz klar ist, mit nachfolgender Präposition *n*. Die durch die Endung *-w* bedingte Abweichung wäre heute zu streichen, nachdem sich herausgestellt hat, daß auch die Relativform wie die Form der Suffixkonjugation im m. sg. kein *w* enthält.

Für die Erklärung der übrigen Verbalformen der Suffixkonjugation liefert A. H. Gardiner keinen substantiellen Beitrag, der — abgesehen von hier und da ausgesprochenen abweichenden Vorlieben für bestimmte Alternativen — über die Vorschläge seiner Vorgänger (A. Erman, siehe oben Abschnitt 3.3.1; F. Lexa, siehe unten Abschnitt 3.3.4; besonders K. Sethe, siehe oben Abschnitt 3.3.2) hinausginge. A. H. Gardiner ist insofern konsequent, als er alle in Frage kommenden Formen — K. Sethe folgend — von passiven, nie von aktiven Partizipien ableitet, doch ist er in der Erklärung im einzelnen sonst weithin unschlüssig bei der Auswahl einer

[71] Gardiner, Aspects, 3—16; Gardiner, EG, § 411.
[72] Gardiner, EG¹, § 411.
[73] Gardiner, EG², § 411.

Erklärung unter den möglichen Alternativen[74] — angesichts der Unsicherheit der verfügbaren Kriterien ein deutlicher Beweis seiner nüchternen Arbeitsweise.

So überzeugend zunächst der Parallelismus in A. H. Gardiners Tabelle der Relativformen und der Suffixkonjugation sein mag, bei genauerem Zusehen finden sich ein Schönheitsfehler und ein schwerwiegender Mangel.

Der Schönheitsfehler ist der, daß die Endungen des PPP bzw. PIP in nicht ganz regelmäßiger Weise verschwinden: bei allen Formen der Suffixkonjugation und bei der *sḏm.n=f*-Relativform, nicht dagegen bei den beiden anderen Relativformen. Zu A. H. Gardiners Zeit dürfte das weniger ins Gewicht gefallen sein als heute, wo man über diese Dinge dank E. Edels peniblen Aufstellungen[75] ziemlich genau Bescheid weiß. Selbstverständlich ließe sich der Schönheitsfehler beheben, wenn man gewillt wäre, die Formen der Tabelle als die schon gestörten Verhältnisse der historischen Zeit zu betrachten und die Idealtabelle als prähistorische Vorstufe anzusetzen.

Diese Argumentation beruht darauf, daß — wie A. H. Gardiner dachte und heute Communis opinio ist — die Relativformen von passiven Partizipien abgeleitet seien und deshalb die nach dem heutigen Kenntnisstand gültigen Partizipialendungen enthalten sollten. Sollten dagegen — wie wahrscheinlich — die Relativformen von aktiven Partizipien abzuleiten sein[76], so entspräche zwar jetzt wenigstens *sḏm·f* der endungslos anzusetzenden Relativform *mrj=f* genau, doch wäre A. H. Gardiners Theorie der Suffixkonjugation dadurch im Kern getroffen. Diese Konsequenz soll hier nicht weiter verfolgt werden; siehe weiter: unten Abschnitt 5.2.7.

Schwerer wiegt, daß das imperfektische Partizip — trotz der Ähnlichkeit der Lautformen — und die davon abgeleitete Relativform funktionell in keinem erkennbaren Zusammenhang mit der ebenfalls auf dieses Partizip zurückgeführten „emphatischen“ Form der Suffixkonjugation (*mrr=f*) steht: nach dem heutigen Kenntnisstand bezeichnet das imperfektische Partizip Handlungen, die in irgendeiner Weise eine Pluralität implizieren, z. B. eine Pluralität der Handlungsträger (Subjekte) oder eine Pluralität von Handlungsmomenten (z. B. Fortdauer einer Handlung)[77], dagegen hat die „emphatische“ Form der Suffixkonjugation vor allem die spezifische syntaktische Funktion eines Hinweises auf einen betonten adverbialen Satzteil[78] (Genaueres siehe unten Abschnitt 5.2.6). Der Versuch H. J. Polotskys, trotz seiner neuen Einsichten in die Natur der „emphatischen“ Form das Gardinersche Schema im Prinzip zu halten, nur etwas zu expandieren[79], dürfte gescheitert sein (NB: Der neuralgische Punkt ist in H. J. Polotskys ursprünglicher Darstel-

[74] Z. B. zieht A. H. Gardiner in Aspects, 12—4, eine andere Erklärung der Formen *sḏm.jn=f*, *sḏm.ḫr=f* und *sḏm.kꜣ=f* vor als in EG[1], § 427.

[75] Edel, AäG, §§ 638—42.

[76] Osing, Text.

[77] Schenkel, Partizip.

[78] Polotsky, Etudes, 69—96; Polotsky, Tenses; vgl. aber auch Westendorf, Imperfektisch oder emphatisch.

[79] Polotsky, Etudes, 93.

lung durch einen Druckfehler verdeckt[80]). Selbst vor Beachtung der Polotskyschen Deutung der „emphatischen“ Form war, wie W. Westendorf erkannte[81], die Harmonie schon gestört, jedenfalls in der Sprache des Mittleren Reiches: der Opposition Perfektisches Partizip *(mrj.w)* versus Imperfektisches Partizip (*mrr.w*) entspricht nicht die Opposition gewöhnliches *sḏm=f* (*mrj=f*) versus „emphatische“ Form (*mrr=f*) — die W. Westendorf noch als Habitativform betrachtet —, sondern die Opposition *sḏm.n=f* versus gewöhnliches *sḏm=f* (*mrj=f*):

	Präteritum (perfektisch)	Präsens/Futur (imperfektisch)
Partizip	*mrj.w*	*mrr.w*
Suffixkonjugation	*mrj.n=f*	*mrj=f*

Legt man die älteste historisch greifbare Sprachstufe zugrunde, so ist die Korrespondenz insofern noch genauer, als das gewöhnliche *sḏm=f* dort noch als „historisches Perfekt“ belegt ist, es ändert sich aber nichts an der Tatsache, daß erstens auch das *sḏm.n=f* wie im Mittleren Reich schon in Opposition zum gewöhnlichen *sḏm=f* (*mrj=f*) steht und daß zweitens auch in frühester Zeit die Funktion der „emphatischen“ Form (*mrr=f*) dem Befund des Mittleren Reiches entspricht.

W. Westendorf zieht aus diesem Befund die einzig mögliche Konsequenz: Er setzt die Gardinersche Idealtabelle in die prähistorische Zeit unter Angabe der Verschiebungen, die zu den historisch greifbaren Verhältnissen führen — ein folgenschwerer Schritt, weil damit der Kern der Passiv-Theorie zu einer hypothetischen Rekonstruktion erklärt wird, wo doch ihre überzeugende Wirkung gerade davon ausging, daß sie so vorzüglich zu den Gegebenheiten der historischen Zeit zu passen schien.

Noch in anderer Hinsicht hat W. Westendorf die Passiv-Theorie konsequent zu Ende gedacht: er gibt genaue Rechenschaft darüber, wie aus einem passiven Partizip sowohl die aktive *sḏm=f*-Form als auch die passive *sḏm.w=f*-Form (bzw. wie W. Westendorf wegen besonderer Gegebenheiten der klassischen Literatursprache sagt: das passive *sḏm*) entstehen konnte: die zugrundeliegenden Syntagmen unterscheiden sich durch das Vorhandensein bzw. Nichtvorhandensein der Angabe des Täters:

mit Täter: **mrj.w=f sn* „sein Geliebter ist der Bruder“ > *mrj=f sn* „er liebt den Bruder“;

ohne Täter: **mrj.w sn* „der Geliebte ist der Bruder“ > *mrj.w sn* „der Bruder wird geliebt“,

(wobei wie bei A. H. Gardiner das Problem der Partizipialendungen (-*w*) offen bleibt: die Endung -*w* steht nach dem heutigen Kenntnisstand im passiven *sḏm.w=f*, nicht aber im aktiven *sḏm=f*[82]; siehe oben).

[80] Gardiner, Besprechung Polotsky, 98.
[81] Westendorf, Passiv, 9.
[82] Westendorf, *sḏmwf*.

Ein besonderes Problem stellen die intr. Verben dar. Ihre Suffixkonjugation kann nicht gut wie diejenige der trans. Verben aus passiven Partizipien und eine anschließende aktive Interpretation der passiven Konstruktionen erklärt werden. Die Suffixkonjugation müßte vielmehr nach der Uminterpretierung in ein Aktiv bei trans. Verben sekundär auf intr. Verben übertragen worden sein.

Beachtenswert ist ferner eine ganz zur Erklärung der Suffixkonjugation passende Erklärung des Verbaladjektivs *sḏm.tj=fj* mit *=fj* als ursprünglichem Possessivpronomen:

> *rmṯ nb sḏm.tj=fj ḫrw* *„jeder Mensch, sein zu Hörendes ist die Stimme" >
> „jeder Mensch, der die Stimme hören wird",

wobei ein Nominalsatz über den Pronominalbezug zu einem Attribut umfunktioniert wird.

Auf eine weitere Variante der Passiv-Theorie, die J. Callender aufgestellt hat, soll hier, da sie bis jetzt unveröffentlicht ist, nur hingewiesen werden[83]. Der Kern des Ansatzes, die Erklärung von drei verschiedenen (nicht-„emphatischen") *sḏm=f*-Formen (Indikativ, Prospektiv, Umstands-Form) aus hamitosemitischen Kasusendungen wird unten Abschnitt 5.2.1 kurz beschrieben. Die übrigen Formen der Suffixkonjugation behandelt J. Callender nur anhangsweise: da die Erklärungen einigermaßen disparat sind, im übrigen sich aber trotz Abweichung im einzelnen in etwa auf der Generallinie früherer Erklärungen bewegen, ist hier ein näheres Eingehen darauf weder möglich noch notwendig.

Abschließend sei als Resultat der wissenschaftsgeschichtlichen Betrachtung der Passiv-Theorie festgehalten: die Theorie entfernte sich, je weiter sie ausgearbeitet wurde, mehr und mehr von den historisch belegten Fakten, aus denen sie gerade aufgebaut werden sollte. Das ändert möglicherweise wenig an ihrer Brauchbarkeit als systematischer Theorie. Als historische Theorie dagegen ist sie so lange nicht akzeptabel, als die Historizität der Rekonstruktion nicht begründet wird. Diese neue Einschätzung läßt im übrigen andere Theorien, die bis jetzt nicht so weit entwickelt worden sind wie die Passiv-Theorie und die nicht in dem Umfang wie die Passiv-Theorie auf historisch belegten Formen aufgebaut werden sollten, in einem wesentlich günstigeren Licht erscheinen — was im folgenden zu illustrieren sein wird.

> Eine alternative Beurteilung der Passiv-Theorie ist die folgende: Sollte es sich als haltbar erweisen, daß, wie oben angedeutet, die Relativformen auf aktive und nicht auf passive Partizipien zurückgehen, so wäre die Passiv-Theorie auch als systematische Theorie der altägyptischen Suffixkonjugation nicht mehr akzeptabel.

[83] Callender, Afro-Asiatic Cases.

3.3.4 Die Möglichkeit einer Erneuerung der Aktiv-Passiv-Theorie

A. Erman, der bis in die dritte Auflage seiner Ägyptischen Grammatik[84] die Ansicht vertrat, das *sḏm=f* sei aus einem aktiven Partizip entstanden — was im Rahmen der oben in Abschnitt 3.3.1 dargestellten Aktiv-Passiv-Theorie zu sehen ist —, gab in der vierten Auflage unter leisem Vorbehalt der nunmehr vorherrschenden, von A. H. Gardiner vor allem propagierten Passiv-Theorie nach, wie er auch in anderen Fragen in dieser letzten Auflage seine vom gesunden Menschenverstand geleiteten älteren Ansichten zugunsten der Ansichten kenntnisreicher, allzu kenntnisreicher Philologen opferte.

Der einzige, der danach noch versuchte, die Aktiv-Passiv-Theorie zu entwickeln, war F. Lexa[85]. Sein Ansatz besticht durch eine sehr regelmäßige Kerngruppe von „unveränderlichen Partizipien", d. h. Verbalformen der Suffixkonjugation (der Versuch F. Lexas, auch *sḏmm=f*-Formen in die Kerngruppe einzubauen, bleibt unberücksichtigt):

	Aktiv	Passiv
-(w.)Ø	*sḏm(=f)*	*sḏm.w(=f)*
-(w.)n	*sḏm.n(=f)*	*sḏm.w.n(=f)*
-(w.)t	*sḏm.t(=f)*	*sḏm.w.t(=f)*
-(w.)tn	*sḏm.tn(=f)*	*sḏm.w.tn(=f)*

Es lohnt sich in unserem Zusammenhang nicht, F. Lexas Ansätzen im einzelnen nachzugehen und seine Erklärungen der verschiedenen Verbalformen, die nicht oder nicht ohne weiteres erkennbar in seiner Tabelle enthalten sind, zu diskutieren. Denn leider sind seine philologischen Begründungen seiner Ansichten weithin unhaltbar. Hervorzuheben ist, daß von den acht Formen der Tabelle nach heutiger Kenntnis nur vier in historischer Zeit belegbar sind, nämlich die ersten drei in der Aktiv-Spalte und die erste in der Passiv-Spalte. Der Versuch, auch die anderen Formen zu belegen, mündete in Fehlinterpretationen zahlreicher Textstellen und führte zuletzt zu dem verzweifelten Ausweg, die fehlenden Belege in — nach der Communis opinio verkürzten — Personennamen zu suchen. Unzweifelhaft ist F. Lexas Ansatz als Kern einer Theorie akzeptierbar, wenn man auf diese unzutreffenden Interpretationen verzichtet, die im übrigen auch entbehrlich sind, weil ja im Prinzip die im theoretischen Ansatz postulierten Formen innerhalb der Theorie wieder getilgt werden können, und damit als Ergebnis nur die tatsächlich belegten Formen übrigbleiben.

Die Kritik ist mit F. Lexa nicht immer korrekt verfahren. A. H. Gardiner kreidet ihm beispielsweise an, es sei keine Erklärung der *n*-Form, einfach zu sagen, es

[84] Erman, ÄG³, § 277.

[85] Lexa, Origine: Lexa, Remarques Gardiner; Lexa, Participes indéclinables; Lexa, Développement, 243—8; Lexa, Développement préhistorique, 403—5; Lexa, Beiträge Personennamen.

handle sich bei *-n* um ein an ein Partizip angehängtes Formativ[86], wogegen F. Lexa mit Recht erwidert: „Le fait qu'une explication est unique n'est pas encore un argument prouvant l'inexactitude de cette explication"[87]. A. H. Gardiners Motiv für den Einwand ist wohl einfach das, daß er für die Erklärung des *-n* in seinem System zufällig eine etwas kohärentere Erklärung zu bieten vermag, während er selbstverständlich in anderen Bereichen — was man ihm auch gerne zugesteht — mit Ad-hoc-Erklärungen nicht immer kleinlich ist.

Betrachtet man aus der Rückschau die Entwicklung, die die Gardinersche Passiv-Theorie nach H. J. Polotskys Entdeckung und durch W. Westendorfs abschließende Systematisierung genommen hat und nehmen mußte (siehe oben Abschnitt 3.3.3), so erscheint doch heute F. Lexas Ansatz, selbst wenn er ungeschickt und schlecht begründet ist, in einem besseren Licht, als er zur Zeit der allgewaltigen Philologen von der Statur eines Sethe oder eines Gardiner erscheinen mußte: es hat sich — wie oben Abschnitt 3.3.3 gezeigt — herausgestellt, daß sich die Passiv-Theorie gar nicht so eng an den Befund der historischen Zeit anschließt, wie K. Sethe oder A. H. Gardiner dachten, sondern daß es sich um eine systematische Theorie handelt, deren Basis, wenn überhaupt, nur in prähistorischer Zeit mit der linguistischen Realität identisch gewesen sein könnte. Als systematische Theorie könnte selbstverständlich auch F. Lexas Aktiv-Passiv-Theorie standhalten, da sie immerhin einiges erklärt (z. B. die Opposition aktives *sḏm=f* versus passives *sḏm.w=f*) und gewisse Schwierigkeiten der Passiv-Theorie vermeidet (z. B. die Entstehung der Suffixkonjugation bei intr. Verben); es lassen sich natürlich auch die Regeln formulieren, die von der hypothetischen Basis aus zu den historisch belegten Verbalformen führen (z. B., wie oben schon gesagt, Eliminierung von Formen).

Eine ganz andere Frage ist die, ob es zweckmäßig ist, gerade F. Lexas Ansatz zur Konstituierung einer Aktiv-Passiv-Theorie zu verwenden; es gibt vielleicht geeignetere Ansätze, d. h. solche, aus denen mit weniger oder einfacheren Regeln die Befunde der historischen Zeit erklärt werden können. Die Frage soll auf sich beruhen, da in dieser Arbeit eine andere Theorie, die gleichzeitig eine historische Theorie sein soll, entwickelt wird.

Anhangsweise sei ein Vorschlag A. Roccatis erwähnt, der zwar nicht die Frage der historischen Basis der Suffixkonjugation berührt und auch nicht von der Aktiv-Passiv-Opposition ausgeht, der aber aus ursprünglich aktiv/passiv-indifferenten Formen eine Ausdifferenzierung der Opposition Aktiv : Passiv ansetzt[88]. Während nach A. Roccati einige Formen aus einem ambivalenten Aktiv/Passiv zu einem Aktiv werden (*sḏm.tj=fj*, Negativkomplement), andere zu einem Passiv (Pseudopartizip), werden *sḏm.w=f* in aktives *sḏm.w=f* und passives *sḏm.w=f*, *sḏm.t=f* in aktives *sḏm.t=f* und passives *sḏm.t(j/w)=f* differenziert. Unter der Annahme, daß es das aktive *sḏm.w=f* als vollgültige Form der Suffixkonjugation wirklich gibt — was unten Abschnitt 4.2.2 in Zweifel zu ziehen sein wird — und daß die Nähe des

[86] Gardiner, EG¹, § 411, 1.
[87] Lexa, Remarques Gardiner, 436.
[88] Roccati, Coniugazioni; vgl. auch Roccati, Papiro ieratico, 21, A. 1.

sḏm.tj f zu *sḏm.t=f* nicht doch eine rein orthographische Erscheinung ist, so ist auch dieser Ansatz ein Kern einer möglichen systematischen Theorie, die besonders die auffällige Korrespondenz von *w* und *t* in aktiven und passiven Formen erklärt. Auch hier bleibt eine offene Frage, ob der Ansatz zweckmäßig ist, besonders deshalb, weil die Basis ziemlich schmal ist und deshalb für die Anfügung der weiteren historisch belegten Formen eine Reihe von Ad-hoc-Regeln notwendig ist (z. B. für die Verallgemeinerung des *tj/tw*-Passivs in Formen über das einfache *sḏm=f* hinaus).

Abschließend sei noch einmal unterstrichen, daß die Vernachlässigung der Aktiv-Passiv-Theorie wissenschaftsgeschichtliche Gründe hat, nicht unbedingt Gründe, die in der Sache selbst liegen.

3.4 *Ansätze zu einer Nomen-actionis-Theorie*

Der Ansatz von Nomina actionis, z. B. Infinitiven, als Basis der Suffixkonjugation erfreute sich in der Ägyptologie bis in jüngste Zeit keiner besonderen Beliebtheit, vermutlich nicht zuletzt deshalb, weil ein solcher Ansatz bereits von A. Erman und K. Sethe sehr früh zugunsten der Partizipial-Theorien verdrängt wurde. Vorher schon hatte F. Müller eine entsprechende Erklärung im Sinn[89], die bis auf das Zitat einer nicht ganz treffenden Abqualifizierung[90] in der ägyptologischen Literatur keine Beachtung gefunden zu haben scheint; es wird unten Abschnitt 5.5.3 noch einmal darauf zurückzukommen sein.

A. Erman wendet gegen den Ansatz mit Infinitiven folgendes ein[91]:

1. Der Infinitiv sei „ungeeignet zum alleinigen Ausdruck der lebendig geschehenden Handlung".

2. Der Verbalstamm der Suffixkonjugation sei verschieden von den Infinitiven der historisch belegten Sprache; für das wechselnde Genus der Infinitive der verschiedenen Verbalklassen gebe es in der Suffixkonjugation keine Entsprechung.

3. Zwischen Infinitiv (als Verbalstamm) und Suffixpronomen (Possessivsuffix) bzw. „Genitiv" würden Partikeln eingeschoben (*-n-*, *-jn-*, *-ḫr-*, *-kꜣ-*); zwischen Infinitiv (als Verbalstamm) und „Genitiv" („Subjekt") würde ein Pronomen („Objekt") eingeschoben, z. B. *sḏm sw nṯr* „der Gott hört ihn" < *„das ihn Hören seitens des Gottes".

Zu 1.: Das psychologische Argument basiert offensichtlich auf den Verhältnissen der indogermanischen oder eventuell auch noch der semitischen Sprachen, in denen das Verbum finitum die besondere Funktion eines Nukleus des Satzes par excellence hat; es gibt aber durchaus Sprachen, die die „lebendig geschehende Handlung"

[89] Müller, Grundriß, I 1, 124, A. *; III, 267; 278—80.
[90] Schuchardt, Brevier, 273 f.; zitiert bei Polotsky, Egyptian, 330.
[91] Erman, Flexion, 30 [346]; vgl. schon Sethe, Verbum, II, § 136.

ohne ein derartiges Verbum finitum ausdrücken können (siehe unten Abschnitt 5.5.3). Es beruht ferner auf der Annahme, daß das Altägyptische, weil aus Verhältnissen, wie sie im Semitischen überliefert sind, abzuleiten, immer schon ein solches Verbum finitum besaß, was — wie unten Abschnitt 5.4.1 und 5.5.3 nachzuweisen sein wird — nicht der Fall sein muß.

Zu 2.: Es braucht sich bei der Basis der Suffixkonjugation nicht um die in historischer Zeit belegten Verbalformen zu handeln, es können andere „Infinitive" zugrunde liegen; im übrigen sei auch auf die andersartigen Komplementsinfinitive hingewiesen, deren Genus nichts mit dem der Infinitive zu tun hat. Siehe bereits oben Abschnitt 3.2.3.

Zu 3.: Es wurden später im Rahmen der Partizipial-Theorien verschiedene Lösungen für dieses Problem gefunden, die sich leicht auch bei einer Infinitiv-Theorie verwenden ließen; vgl. auch oben Abschnitt 3.3.2.

A. Ermans und K. Sethes Einwände können somit als nicht stichhaltig ausgeschieden werden.

Durch die Vorherrschaft der Partizipial-Theorien sind Vorschläge zu einer Nomen-actionis-Theorie praktisch unbeachtet geblieben, so sehr, daß sie — obwohl auf gleichem Ansatzpunkt beruhend — mehr als einmal entdeckt werden mußte. Sowohl W. F. Albright als auch A. Klingenheben und H. Satzinger schlagen eine solche Theorie unter Hinweis auf die parallele Bildung des äthiopischen Gerundivs[92] und die äthiopische Verbindung von „Adjektiv + Suffixpronomen als semantischem Subjekt"[93] vor; z. B.

qatīl.a-ka „bei deinem Töten";
tekūz.e-ka „indem du traurig bist/warst".

Diese Nomen-actionis-Theorie ist nicht über das einfache *sḏm=f* hinaus ausgebaut worden; es dürfte jedoch möglich sein, für einen solchen weiteren Ausbau einfach auf entsprechende Vorschläge in den Partizipial-Theorien zurückzugreifen. Es soll dies und anderes hier nicht weiter erörtert werden, weil die Nomen-actionis-Theorie unten in weiterem Rahmen neu entwickelt werden wird.

Ein weiteres Mal wurde — wiederum unabhängig — ein Nomen actionis von W. Vycichl für eine Teilerklärung der Suffixkonjugation herangezogen[94]; da er jedoch von vornherein die Möglichkeit einer monokausalen Erklärung der gesamten Suffixkonjugation aus Nomina actionis nicht in Erwägung zieht, sondern für verschiedene Formen eigentlich nur Ad-hoc-Erklärungen gibt, erübrigt sich ein näheres Eingehen auf diesen Vorschlag.

[92] Albright, Principles, 69 f.; Klingenheben, Präfix- und Suffixkonjugation, 244 f.
[93] Satzinger, Äthiopische Parallelen.
[94] Vycichl, Nomen actoris; Vycichl, Aspects, 67 (mit nicht stichhaltiger Begründung).

4. Altägyptische Bausteine zu einer historischen Nomen-actionis-Theorie

4.1 Zu Form und Funktion der altägyptischen Nomina actionis

4.1.1 Nomina actionis und Suffixkonjugation

In ihrer Funktion als Nukleus eines Syntagmas unterscheiden sich die Formen des altägyptischen Verbs hauptsächlich hinsichtlich der Angabe der Person des Subjekts. Es gibt Verbalformen, die die Angabe der Person implizieren; solche, die eine explizite Angabe der Person haben müssen; und solche, die eine explizite Angabe der Person haben können. Bei der expliziten Angabe der Person werden zwei Sätze von Personalelementen benutzt. Im einzelnen ist der Befund in der Sprache des Alten und Mittleren Reiches etwa folgender:

1. Implizite Angabe der Person:

– Imperativ (impliziert die 2. Person);

– Partizipien (implizieren die 3. Person); hierher auch *sḏm.tj=fj*, dessen Suffix nur hinsichtlich Genus/Numerus wahlfrei ist, nicht aber hinsichtlich der Person (die Suffixe der 3. Person sind obligatorisch).

2. Explizite Angabe der Person:

(2.1) durch spezielle Person/Genus/Numerus-Suffixe, obligatorisch:

– Pseudopartizip;

(2.2) durch Suffixpronomina bzw. „Genitiv“:

(2.2.1) obligatorisch (zu Ausnahmen, „Tempus consecutivum“, siehe unten Abschnitt 5.3):

– Suffixkonjugation;

– Relativformen (speziell gebrauchte Partizipien, *sḏm.n=f*);

(2.2.2) fakultativ):

– Nomina actionis, insbesondere Infinitive.

Suffixkonjugation, Relativformen und Nomina actionis machen zusammen eine Untergruppe 2.2 aus. Der Unterschied zwischen Suffixkonjugation und Relativformen gegenüber Nomina actionis (Infinitiven) ist lediglich der, daß erstere normalerweise eine Angabe der Person haben müssen, während letztere diese Angabe fakultativ haben können.

Die Konstruktionsgleichheit von Syntagmen mit Verbum finitum der Suffixkonjugation bzw. mit Nomen actionis (Infinitiv) führte nicht selten zu dem philologischen Problem, welche der beiden Alternativen in einer gegebenen Textstelle vorliegt. So wurde vor allem lange ein narratives *sḏm.t=f* als „Tempus" der Suffixkonjugation angesetzt, dessen Belege sich schließlich als Infinitive erklären ließen[95]. Es zeigt sich hier auch besonders deutlich, daß das Altägyptische nicht selten Nomen-actionis-(Infinitiv-)Konstruktionen verwendet, wo man — von den bekannten indogermanischen Sprachen herkommend — finite Verbalformen (der Suffixkonjugation) erwartet.

Dieses Faktum ist seit langem bekannt: es hat sich in dem Ansatz eines speziellen „narrativen" Infinitivs — eines Infinitivs, der der Gliederung der Erzählung dient — niedergeschlagen, ein Ansatz, der, wie gesagt, nur auf der Folie des Indogermanischen verständlich ist, für den aber das altägyptische Verbalsystem, für sich betrachtet, keinen Anlaß gibt[96].

Die syntaktische Ähnlichkeit von Suffixkonjugation und Nomina actionis (Infinitiven) hinsichtlich der Angabe der Person wird unten genetisch zu interpretieren sein.

4.1.2 Nomina actionis und Infinitiv

Der Infinitiv ist ein ausgezeichnetes Nomen actionis, dasjenige nämlich, das die meisten Funktionen auf sich vereinen konnte und im Laufe der historischen Entwicklung die anderen Nomina actionis (insbesondere Negativkomplement und Komplementsinfinitiv) weitestgehend ersetzte[97].

Die Entstehung der funktional definierbaren Einheit Infinitiv aus formal verschiedenen Nomina actionis läßt sich an der unterschiedlichen Form des Infinitivs in den verschiedenen Verbalklassen in historischer Zeit ablesen: am auffälligsten ist — da in der Hieroglyphenschrift erkennbar —, daß ein Teil der Verbalklassen maskuline, endungslose Infinitive hat, ein Teil feminine; andere Besonderheiten (schwacher Radikal bei Verben ult. inf. oder nicht, Vokalisation) lassen sich anhand der koptischen Infinitive rekonstruieren[98].

Bei manchen Verbalklassen gibt es keine generelle Regelung: manche Verben haben maskuline, endungslose Infinitive, manche feminine, z. B. die Verben IVae inf.[99].

Darüber hinaus gibt es im Alten Reich bei einigen Verben Nomina actionis, die als Infinitive bezeichnet werden können, mit einer Endung *-w*[100].

Schließlich ist der „Komplementsinfinitiv" zu erwähnen, der entweder durch einen Infinitiv oder ein Nomen actionis auf *-t* bzw. *-wt* (in Abhängigkeit von der

[95] Schenkel, *sḏm.t=f*.
[96] Schenkel, *sḏm.t=f*, 28.
[97] Sethe, Verbum, II, §§ 545; 725; 1021.
[98] Siehe z. B. Edel, AäG, §§ 684—94.
[99] Edel, AäG, §§ 691 f.
[100] Edel, AäG, §§ 693 f.

Verbalklasse) dargestellt wird[101]. Mit großer Wahrscheinlichkeit gehört hierher auch das Negativkomplement auf *-w*[102].

Aus der Existenz einer großen Anzahl von Nomina actionis und ihrer allmählichen Reduzierung auf wenige Formen, die man dann Infinitiv nennt, werden unten Schlüsse zu ziehen sein.

4.2 *Defektive „Tempora" der Suffixkonjugation und Nomina actionis*

4.2.1 Allgemeines

Zur Suffixkonjugation werden verschiedene „Tempora" gerechnet, die nicht von allen *formalen* Verbalklassen gebildet werden können: aktives *sḏm.w=f* und *sḏmm=f*. Das aktive *sḏm.w=f* ist von Verben 2-rad. nur sehr unsicher[103] und von Verben ult. gem. gar nicht belegt[104], *sḏmm=f* ist mit Sicherheit nur bei Verben 2-rad., 3-rad., IVae inf. und Kausativen belegt[105] (Weiteres zu den einzelnen „Tempora" siehe unten). Diese „Tempora" seien „defektive ‚Tempora'" genannt, ähnlich wie man umgekehrt Verben, die nicht alle in Frage kommenden „Tempora" bilden, „defektive Verben" nennt.

Die defektiven „Tempora" des Altägyptischen haben folgende auffällige Eigenschaft: Für diejenigen Verbalklassen, die das betreffende „Tempus" nicht bilden, gibt es Suppletiv-„Tempora" (*sḏm.w=f*-Passiv zu *sḏmm=f*, *sḏm=f* zum aktiven *sḏm.w=f*, u. a. m.). Die Suppletiv-„Tempora" sind nun aber solche „Tempora", die von allen Verbalklassen gebildet werden können. Mit anderen Worten: defektive „Tempora" sind freie Varianten anderer „Tempora". Sie sind daher im Verbalsystem überflüssig, was dadurch bestätigt wird, daß sie im Laufe der Sprachentwicklung in historischer Zeit früh — deutlich früher als andere „Tempora" der Suffixkonjugation — aussterben.

Die hier behandelte Defektivität, die Bildbarkeit einer Form nur bei einem Teil der formalen Verbalklasse, ist typisch für Verbalnomina: die verschiedenen formalen Verbalklassen haben ausgesprochene Eigenheiten in der Bildung substantivischer Nominalformen; z. B. bei der Bildung der Infinitive, die entweder maskulin oder feminin sind; oder: man bildet von Verben 2-rad. und IIIae inf. Abstrakta eher auf *-wt*, während Verben 3-rad. eher als Äquivalent Bildungen auf *-t* bevorzugen; z. B. 3-rad. *spr.t* „Bitte" neben IIIae inf. *mr.wt* „Liebe". Es gibt kaum

[101] Edel, AäG, §§ 723—5.
[102] Edel, AäG, §§ 741—3; Westendorf, GMT § 375.
[103] Der als sicher bezeichnete Beleg *tm.j*, CT I 398 c (Edel, AäG § 531; § 517, Nachtrag), ist als Pseudopartizip 3. pl. *tm.jj* zum vorausgehenden Satz zu ziehen.
[104] Edel, AäG, § 511; vgl. Edel, Beiträge Grammatik, 108—11.
[105] Edel, AäG, § 557; vgl. Edel, Beiträge Grammatik, 112.

einen Nominalbildungstyp, der in allen formalen Verbalklassen in gleicher Weise aktiv ist.

So läge also die Vermutung nahe, daß die defektiven „Tempora“, die in Hinsicht ihrer Funktion, wie das üblich ist, mit einem gewissen Recht zur Suffixkonjugation gerechnet werden können, etwas mit Nomina, genauer wohl: Nomina actionis, zu tun haben.

4.2.2 *sḏm.w=f*

Wie an anderer Stelle gezeigt wird, ist das prothetische *j*- (Aleph prostheticum/ *j*-Augment) bei Verben — bei Substantiven u. a. m. mögen die Verhältnisse anders liegen — lexikalisch, nicht morphologisch zu erklären[106]. Ähnlich wie es zu Verben Iae *w* Dubletten ähnlicher Bedeutung ult. inf. gibt[107], gibt es zu Verben Iae *j* Dubletten ult. *j* bzw. Verben ohne den schwachen Radikal: z. B. gibt es neben *mn* „bleiben“ *j-mn* „bleiben“; neben *mr-j* „lieben“ *j-mr* „lieben“; neben *nḏr-j* „packen“ *j-nḏr* „packen“. Diese Erscheinung ist im wesentlichen beschränkt auf die Verben 2-rad., ult. inf. und ihre Kausative. Sie kommt gar nicht oder nur ausnahmsweise vor bei starken Verben und Verben ult. gem. E. Edel, der die Belege zum Problem des *j*-Augments am sorgfältigsten gesammelt und die ältere Lösung K. Sethes stark erschüttert hat[108], zeigt Ansätze zur Erklärung der Verben mit *j*-Augment als Verben Iae *j*[109], ließ sich aber wohl durch zwei Argumente von dieser einfachsten Lösung abhalten:

1. es ergibt sich eine größere Anzahl von lexikalischen Dubletten;
2. er glaubte sichere Belege zu haben, bei denen *j*-Augmente und letzter schwacher Radikal gleichzeitig vorhanden sind.

Zu 1.: Grundsätzlich ist es nicht auszuschließen, daß in einer Sprache zeitweilig Dubletten mit sehr ähnlicher Bedeutung existieren, vgl. die, allerdings in historischer Zeit schon deutlich differenzierten Dubletten von Iae *w* und ult. inf. Zum anderen bestünde die Möglichkeit, da das prothetische *j*- im Alten Reich praktisch nur in den Pyramidentexten belegt ist, daß die Formen mit prothetischem *j*- und die entsprechenden Verben ult. inf. aus verschiedenen Soziolekten o. ä. stammen; für diese Erklärung könnte sprechen, daß in einem anderen, späteren Soziolekt, der Literatursprache des Mittleren Reiches, Formen mit prothetischem *j*- fehlen.

Zu 2.: Die Belege können bzw. müssen anders erklärt werden[110].

Die Formenbildung der Verben ult. inf., die bisher wegen der Formen mit prothetischem *j*- Unregelmäßigkeiten aufwies, ist im Rahmen der vorgeschlagenen

[106] Schenkel, Besprechung Janssens.
[107] Otto, Verba Iae inf.
[108] Edel, AäG, besonders §§ 449—54.
[109] Edel, AäG, § 555 a.
[110] Schenkel, Besprechung Janssens.

Erklärung völlig regelmäßig, was sich besonders schön dort zeigt, wo Verben ult. inf. Gemination haben. Z. B. heißt das PIA von *j-mr* „lieben" – ohne Gemination – *j-mr.j*[111], während das Verb ult. *j mr-j* „lieben" – mit Gemination – *mrr.j* heißt[112].

Auffällig bleibt lediglich, daß das Kausativ-Präfix *s-* nicht, wie sonst immer, vor anderen Wortbildungspräfixen steht, sondern wenn *s-* und *j-* gleichzeitig stehen, nach *j-*; z. B. *j-s-fḫ* als Kausativbildung zu *j-fḫ/fḫ* „lösen". Es gibt zwei Erklärungsmöglichkeiten: entweder ist die Präfigierung von *j-* historisch jünger als die von *s-*, während alle übrigen Präfixe älter sind als *s-*, was möglich, wenn auch unbeweisbar ist (leider scheidet das Kriterium der Produktivität zur Altersbestimmung aus: zwar ist *s-* als produktives Präfix noch relativ jung; da aber die Geschichte des Soziolekets o. ä., in dem *j-* existiert, nur ausschnittsweise faßbar ist, lassen sich über die Produktivität von *j-* keine Aussagen machen); oder *j-s-* ist aus phonetischen oder eher morphophonemischen Gründen aus **s-j-* entstanden, was zunächst als bloße Möglichkeit stehen bleiben muß.

Die Erklärung des *j*-Augments als erster, schwacher Radikal sei nach dieser kurzen Erläuterung einmal als richtig vorausgesetzt. Dann ergibt sich die bemerkenswerte Tatsache, daß dieser erste Radikal *j* zwar bei allen unverdächtigen (nichtdefektiven) finiten „Tempora" und allen Partizipien belegt ist, nicht aber beim Infinitiv und anderen Nomina actionis (namentlich Komplementsinfinitiv), beim Verbaladjektiv *sḏm.tj=fj* und merkwürdigerweise auch beim aktiven *sḏm.w=f*, bei dem man es – da es doch als „Tempus" der Suffixkonjugation gilt – von vornherein erwartet. Eine Erklärung könnte sich aus dem ähnlichen Verhalten des letzten, schwachen Radikals bei Verben ult. inf. ergeben: auch bei diesen wird – soweit das die Orthographie direkt erkennen läßt bzw. Rekonstruktionsverfahren zeigen – der schwache Radikal in finiten Verbalformen und Partizipien wohl überall gesetzt – sofern nicht anstelle des schwachen Stamms der geminierte Stamm eintritt –, jedoch wird der schwache Radikal im allgemeinen nicht gesetzt beim Infinitiv (dem häufigeren 1. Infinitiv des Koptischen) und auch beim Verbaladjektiv *sḏm.tj=fj*. Während bei den Verben ult. inf. die Regel mehr statistischen Charakter hat (es gibt auch Infinitive, Nomina actionis und *sḏm.w=f*-Formen mit letztem, schwachem Radikal), scheint bei den Verben Iae *j-* (alias Verbalformen mit prothetischem *j-*) die Scheidung zwischen Formen mit *j-* und Formen ohne *j-* (noch) strenger zu sein: substantivische Nominalformen (Infinitiv, Nomina actionis; auch *sḏm.tj=fj*, das wohl versuchsweise als solche Form eingestuft werden darf, vgl. unten Abchnitt 5.2.8) werden ohne prothetisches *j-* gebildet. Diese Regel als richtig vorausgesetzt, müßte auch *sḏm.w=f* als substantivische Nominalform, als Nomen actionis erklärt werden, nicht als „Tempus" der Suffixkonjugation – eine Erklärung, die bestens zum oben festgestellten nominalen Charakter der defektiven „Tempora" paßt, zu denen das aktive *sḏm.w=f* gehört.

[111] Edel, AäG, § 630 dd; anders Westendorf, GMT § 306.
[112] Edel, AäG, §§ 630 cc.

Abgesehen davon, daß der Ansatz des *sḏm.w=f* als eine Art Nomen actionis eine einfache Abgrenzung für die Verbalgruppen mit und ohne prothetisches *j-* bietet und für die Beschränkung auf einen Teil — wenn auch den größten — der formalen Verbalklassen, ergibt sich daraus eine nicht unbeachtliche Klärung für das syntaktische Verhalten der Form *sḏm.w=f* selbst. Schließt man die Erklärung als Prospektiv-Form aus grundsätzlicher Skepsis gegenüber dem Ansatz spezieller Prospektiv-Formen (vgl. dazu auch: unten Abschnitt 5.2.2) aus, so dürfte es bis jetzt nicht gelungen sein, der Form *sḏm.w=f* neben den übrigen „Tempora" der Suffixkonjugation, besonders den „Tempora" *mrj=f* und *mrr=f*, eigene distinktive Funktionen zuzuweisen[113]. Vielmehr tritt *sḏm.w=f* als freie Variante anderer Verbalformen der Suffixkonjugation auf. Es wäre nun plausibel zu machen, daß in den syntaktischen Positionen, in denen *sḏm.w=f* anstelle der finiten Verbalformen der Suffixkonjugation, *mrj=f* und *mrr=f*, steht, diese beiden „Tempora" nominale Funktion haben. Es kann dies hier nur in ganz vorläufiger Form geschehen (siehe weiter: unten Abschnitt 5.2.5). Immerhin läßt sich schon für die vielleicht wichtigsten Verwendungsweisen durch bekannte Fakten eine gewisse Wahrscheinlichkeit für die Richtigkeit der Erklärung geben:

1. *mrr=f* hat nach H. J. Polotskys Ausführungen nominale Funktion; z. B. versucht er eine Erklärung als „abstrakte Relativform"[114] (zu einer genaueren Erklärung siehe unten Abschnitt 5.2.7). Formales Kennzeichen des nominalen Charakters: Negation durch *tm*.

2. *mrj=f* hat nominale Funktion mindestens in folgenden Fällen:

(2.1) als Subjunktiv ist es Nukleus eines „Objektsatzes" (Negation: *tm*);

(2.2) in Wunschsätzen könnte man es — entsprechend z. B. dem Deutschen — als Nukleus eines „Daß-Satzes" verstehen: „daß doch . . . wäre";

(2.3) nach Präposition ist es Nukleus eines Satznomens (Negation: *tm*).

Schließlich ist als letztes, vielleicht nicht einmal schwächstes Argument für den möglichen nominalen Charakter des *sḏm.w=f* auf das bereits oben beschriebene Verhalten der Nomina actionis, z. B. des „narrativen Infinitivs", hinzuweisen, die in ihrer Funktion recht nahe an die finiten Verbalformen der Suffixkonjugation herankommen, so nahe, daß Ägyptologen Schwierigkeiten haben, beide Formengruppen exakt voneinander zu trennen.

Hier erhebt sich auch die Frage, ob nicht das vermutete Nomen actionis *sḏm.w=f* mit anderen Nomina actionis auf *-w* (siehe oben Abschnitt 4.1.2) identisch sein könnte.

Abschließend sind zwei Argumente zu erwägen, die für den verbalen Charakter des aktiven *sḏm.w=f* (im Sinne eines „Tempus" der Suffixkonjugation) sprechen könnten:

1. E. Edel führt auch für das *sḏm.w=f* eine *tj*-Passiv-Bildung an, wie sie für die aktiven „Tempora" der Suffixkonjugation charakteristisch ist[115].

[113] Vgl. Polotsky, Zur Grammatik, 473 f., zu Westendorf, GMT § 192.
[114] Polotsky, Etudes, 53—9; 91.
[115] Edel, AäG, § 524.

2. *sḏm.w=f* wird mit *n* negiert[116].

Zu 1.: Der Beleg für ein *tj*-Passiv des *sḏm.w=f* (*sḏm.wtj=f*) kann als ein dem *sḏm.w=f* entsprechendes Verbalnomen *sḏm.wt(=f)* erklärt werden, das — obwohl Nomina actionis von Natur aus nicht genau auf ein Verbalgenus festgelegt zu sein scheinen — evtl. im Gegensatz zum eher aktivisch zu verstehenden *sḏm.w=f* einer passivischen Interpretation Vorschub leisten könnte. E. Edel selbst setzt im übrigen an den ganz parallelen Stellen PT 1436c; 1438a [so statt c zu lesen] (vgl. noch PT 1435 a; c) ein Verbalnomen *ms.wt* an[116a] (Hinweis von J. Osing).

Zu 2.: Im Alten Reich bestünde die Möglichkeit, *n sḏm.w=f* als „klassisches" **nn sḏm.w=f* zu interpretieren. Im Hinblick auf das im Mittleren Reich belegte *n sḏm.w=f*[117] ist diese Erklärung auszuschließen (vgl. auch *n sḏmm=f*, unten Abschnitt 4.2.3). — Die Frage muß an dieser Stelle offenbleiben. Ob die Opposition Negation durch *n* versus Negation durch *tm* historisch die Opposition Verb versus Nomen ist, wird unten zu erörtern sein (siehe Abschnitt 5.4.2); in historischer Zeit jedenfalls fungiert *n* nicht nur als Negation von Verben, sondern schlechthin als Negation von Wörtern[118].

Als Resultat ist festzustellen: Das aktive *sḏm.w=f* hat, wenn es auch nicht einfach als ein Nomen actionis klassifiziert werden kann, so doch mindestens einige auffällige Eigenschaften, die es mit den Nomina actionis verbinden und von den wichtigsten „Tempora" der Suffixkonjugation etwas distanzieren.

4.2.3 *sḏmm=f*

Nominalen Charakter zeigt *sḏmm=f* in folgenden Punkten: Es wird nur von wenigen formalen Verbalklassen gebildet, den Verben 2-rad., 3-rad., IVae inf. und den Kausativen, so wie Nominalbildungstypen nicht in allen Verbalklassen produktiv sind. Die Beurteilung der Negation *n* im Mittleren Reich, als eventuelles Zeichen des verbalen Charakters, muß an dieser Stelle offenbleiben (siehe unten Abschnitt 5.4.2; vgl. das oben Abschnitt 4.2.2 zu *n sḏm.w=f* Gesagte). Leider kann das bei *sḏm.w=f* so instruktive Kriterium des prothetischen *j*- hier nicht benutzt werden, weil die Verbalklasse, aus der die *sḏmm=f*-Belege hauptsächlich stammen, die der Verben 3-rad., kein prothetisches *j*- erlaubt, und in den anderen Verbalklassen — vielleicht zufällig — keine Belege mit prothetischem *j*- vorhanden sind.

[116] Edel, AäG, § 521.
[116a] Edel, AäG, § 240, vgl. auch Wb. II, 140, 17—141, 13.
[117] Edel, Beiträge Grammatik, 108.
[118] Gilula, Besprechung Satzinger, 212.

4.3 *mrr=f als Nomen*

Den Charakter des *mrr=f* als Nomen hat erst kürzlich J.-L. de Cenival ausführlich behandelt, so daß sich eine erneute Darstellung in diesem Zusammenhang erübrigt[119]. Siehe weiter: unten Abschnitt 5.2.6.

4.4 *Bilanz*

Die vorausgehenden Abschnitte sollten folgende zwei Aspekte der altägyptischen Grammatik beleuchten:

1. die, jedenfalls im Alten Reich, große Fülle an gängigen Nomina-actionis-Bildungen;
2. die Ähnlichkeit in Funktion und Form zwischen Nomina actionis und „Tempora" der Suffixkonjugation.

Es wäre verfrüht, aus diesem Befund nun einfach zu schließen, die „Tempora" der Suffixkonjugation und Nomina actionis (vielleicht sogar die Relativformen) seien mehr oder minder von ein und derselben Art, infolgedessen sei ihre genetische Identität anzunehmen. Um ein endgültiges Urteil zu gewinnen, ist die Konstruktion einer theoretischen historischen Entwicklung erforderlich, die an den historischen Befunden zu überprüfen ist. Mehr oder minder synchronische Fakten, wie sie bis jetzt dargestellt wurden, können lediglich wichtige Gesichtspunkte für die Rekonstruktion der historischen Entwicklung liefern.

[119] Cenival, *mrr.f*.

5. Historische Nomen-actionis-Theorie

5.1 *Vorbemerkung*

Die Nomen-actionis-Theorie wird im folgenden in vier Etappen entwickelt:

1. Es wird aufgrund innerägyptischer Kriterien ein hypothetischer prähistorischer Zustand des Altägyptischen rekonstruiert. Es handelt sich um eine (nur-) systematische Theorie, deren Bausteine allerdings im Hinblick auf die folgende Bewährung als historische Theorie nach der Wahrscheinlichkeit ihrer Historizität ausgewählt sind (Abschnitt 5.2).

2. Mit dem Ziel einer ersten historischen Überprüfung wird die Theorie aus 1. auf die Konsequenzen hin geprüft, die die Entstehung der Suffixkonjugation für das Sprachsystem haben mußte, und geklärt, inwieweit sich Spuren solcher Folgewirkungen in der Entwicklung des historisch faßbaren Altägyptisch feststellen lassen (Abschnitt 5.3).

3. Die Basis der hypothetischen prähistorischen Rekonstruktion aus 1. wird aufgrund der ersten Bewährung in 2. unter Zuziehung weiterer Fakten im Rahmen der altägyptischen Sprachgeschichte im Hinblick auf die Verknüpfung mit dem Hamitosemitischen in 4. verbreitert (Abschnitt 5.4).

4. Es wird nachgewiesen, daß die hypothetische prähistorische Rekonstruktion nach 1. und 3. – wenn auch unter nicht unbeträchtlicher Modifikation der Vorstellungen, die man sich vom hamitosemitischen Verbalsystem macht – genau genug in den Rahmen des Hamitosemitischen eingefügt werden kann, so daß die hypothetische Rekonstruktion den Forderungen einer historischen Theorie genügt (Abschnitt 5.5).

5.2 *Hypothetische Rekonstruktion der prähistorischen innerägyptischen Entstehung der altägyptischen Suffixkonjugation*

5.2.1 Nomen actionis – Suffixkonjugation – Infinitiv

Die Ableitung aller „Tempora" der Suffixkonjugation des historisch überlieferten Altägyptisch von prähistorischen Nomina actionis erfordert für die prähistorische Zeit den Ansatz einer größeren Menge an Nomina actionis, die den Vorrat an Nomina actionis in historischer Zeit übersteigen kann. Es ist jedoch nicht möglich, den für die Ableitung erforderlichen Satz an prähistorischen Nomina actionis exakt anzugeben, weil es schon nicht möglich ist, exakt anzugeben, wieviele „Tempora" die historisch bezeugte Suffixkonjugation hat. Diese Unsicherheit hat folgende und vielleicht weitere Gründe:

1. Die Vokalisation der „Tempora" ist nur unvollständig rekonstruierbar. Z. B. ist es unklar, ob die „emphatische" *sḏm.n=f*-Form mit der abhängigen *sḏm.n=f*-Form („Nachdem"-Form) formal identisch ist (siehe zu den „emphatischen" Formen weiter: unten Abschnitt 5.2.6). Oder: es ist bis jetzt nicht endgültig geklärt, wieviele formal verschiedene *sḏm=f*-Formen es gab (siehe dazu weiter: unten Abschnitt 5.2.2). U. a. m.

2. Unsicherheiten bestehen bereits beim Konsonantenstand der „Tempora" der Suffixkonjugation:

(2.1) Es ist nicht klar, in welchem Verhältnis Sonderformen wie der Subjunktiv *jwt* zum Verb *jwj* „kommen" oder der Subjunktiv *jnt* zum Verb *jnj* „bringen" zu der Stammform des nicht-subjunktivischen Verbs (*jwj* bzw. *jnj*) stehen (siehe dazu weiter: unten Abschnitt 5.2.2). U. a. m.

(2.2) Es ist nicht klar, inwieweit die defektiven „Tempora" (siehe oben Abschnitt 4.2) und *mrr=f* (siehe Abschnitt 4.3) zur Suffixkonjugation gehören. U. a. m.

Unter Berücksichtigung nur der konsonantischen Bildungselemente — unter Ausschluß der Elemente *-n-*, *-jn-*, *-ḫr-*, *-kꜣ-*; *-tj-* (siehe dazu unten Abschnitt 5.2.3) — sind mindestens folgende prähistorische Nomina actionis als Ausgangsformen für die historisch belegten Stammformen der Suffixkonjugation anzusetzen (unten als Gruppe A bezeichnet):

1. *sḏm*/*mrj* als Basis für *sḏm=f*, *sḏm.n=f*, „emphatisches" *sḏm.n=f*;
2. *sḏm*/*mrr* als Basis für „emphatisches" *sḏm=f*;
3. *sḏm.w*/*mrj.w* als Basis für passives *sḏm.w f*, „emphatisches" *sḏm.w=f*;
4. *sḏm.t*/*mrj.t* als Basis für *sḏm.t=f*.

Hinzuzufügen ist vielleicht:

5. *mr.t*/(*mꜣ.t*) als Basis für die Nebenformen *jwt* und *jnt* zu *jwj* „kommen" und *jnj* „bringen"; dazu vielleicht auch *wnt* < **wn.t* in *n wnt* „nicht gibt es" zu *wnn* „sein" (zu diesen Sonderformen des *sḏm=f* siehe unten Abschnitt 5.2.2).

Fragwürdig bleiben nach Abschnitt 4.2 in diesem Zusammenhang, weil keine sicheren „Tempora" der Suffixkonjugation vorliegen:

6. *sḏm.w*/*mrj.w* als Basis für aktives *sḏm.w=f*;
7. *sḏmm* als Basis für *sḏmm=f*.

Die vokalisiert überlieferten *sḏm=f*-Formen könnten ein Indiz dafür liefern, daß das Nomen actionis 1 aufzuspalten ist. Im Koptischen sind nach gängiger Ansicht zwei Vokalisationen erhalten[120]:

(1.1) die Form nach *rḏj*, der Subjunktiv, mit Auslautvokal altäg. **a*, z. B. ᴬ*tmaseio*, ᴮ*t'mesie-*, *t'mesio* < *dj.t-*masjå*[121];

[120] Polotsky, Verbalformen, 267—85.

[121] Fecht, Wortakzent, § 139, A. 229.

(1.2) die Form nach *bw* mit Auslautvokal altäg. **e* oder **i*, in *mešak* < *bw(?)-rḫ=k*[122].

Der Ansatz von zwei verschiedenen *sḏm=f*-Formen scheint sich nach den Ergebnissen J. Osings nicht zu bestätigen[123]: Neue Belege für die Vokalisation des *sḏm=f* zeigen auch für das nicht-subjunktivische *sḏm=f* (1.2) dieselbe Vokalisation wie für das subjunktivische *sḏm=f* (1.2), nämlich die als Subjunktiv bekannte Form **saḏmă̊f* (1.1). Der damit vereinzelte Beleg *mešak* müßte demnach doch wohl speziell erklärt werden; z. B. — wie W. Westendorf vorschlug — als Relikt einer sonst nicht mehr erhaltenen Verbalklasse, die aufgrund des Tonvokals **i/e* als *i/e*-Klasse im Gegensatz zur gewöhnlichen *a*-Klasse zu bezeichnen wäre; es könnte dies die normale Vokalisation der Verben 2-rad. sein (Hinweis von J. Osing).

Im Gegensatz dazu versucht J. Callender, durch Einbeziehung einer weiteren relikthaft im Koptischen erhaltenen *sḏm=f*-Form, ^{S}*hna=*, ^{F}*hne=* „er will" < *ḥn=f* oder < *ḥnn=f*, die Anzahl der formal unterschiedenen (nicht-geminierenden) *sḏm=f*-Formen auf drei zu erhöhen[124]:

1. Prospektiv-Form mit Tonvokal *-ă̊=* (Subjunktiv),
2. Indikativ-Form mit Tonvokal *-ĭ̊/ŭ̊=* (*mešak*),
3. Umstands-Form mit Tonvokal *-ĭ̊=* (*hna=*).

Die Tonvokale werden unter Absicherung durch das syntaktische Verhalten der verschiedenen Formen auf die hamitosemitischen Kasusendungen *-u* (Indikativ-Form), *-i* (Umstandsform) und *-a* (Prospektiv-Form) zurückgeführt. Eine eingehende Auseinandersetzung mit diesem anregenden Vorschlag dürfte sich erst empfehlen, wenn die Arbeiten von J. Osing und J. Callender veröffentlicht sind. Immerhin kann man jetzt schon zwei Bedenken anmelden: es ist zu beachten, daß es sich bei den Belegen zu 2. und 3. anders als bei den Belegen zu 1. nur um Verben 2-rad. handelt (Hinweis von J. Osing); im übrigen wäre die Frage des Alters der hamitosemitischen Kasus zu klären, die, wenn sie in die Suffixkonjugation eingegangen sein sollten, generell im prähistorischen Altägyptisch bestanden haben müßten, im ältesten historischen Altägyptisch aber außerhalb der Suffixkonjugation schon völlig verlorengegangen wären.

Es handelt sich bei den Formen der Nomina actionis offensichtlich (zur Syntax siehe unten Abschnitt 5.4.1) um Status-constructus- und Status-pronominalis-Bildungen, die den koptischen Status-pronominalis-Bildungen einiger zweikonsonantiger Wörter entsprechen: z. B. ^{S}*ho* „Gesicht" < **ḥăr*, st. pr. ^{S}*hra=* < *ḥarĕ̊=*; ^{S}*e* „zu, gegen" < **jăr*, st. pr. ^{S}*ero=* < **jară̊=*[125].

Da diese Bildungsweise des Status pronominalis (und wohl auch des Status constructus) nach Ausweis des Koptischen nicht die übliche ist, vor allem nicht bei

[122] Fecht, Wortakzent, § 138, A. 226.
[123] Osing, Text.
[124] Callender, Afro-Asiatic Cases.
[125] Fecht, Wortakzent, § 370.

Wörtern mit mehr als zwei Radikalen, müßte man annehmen, daß bei den Nomina actionis, die die Basis der Suffixkonjugation bilden, die Endbetonung sekundär durch Systemzwang durchgeführt wurde: auf diese und nur auf diese Weise war es möglich, für alle Formen, also auch die mit zwei- und dreikonsonantigen Suffixen (z. B. *=sn*, *=snj*), für alle Personen und Numeri dieselbe Tonsilbe durchzuhalten, da der Akzent nur in der letzten oder vorletzten Silbe stehen kann: **s ◡ ḏmåf*, **s ◡ ḏmâs ◡ n*, **s ◡ ḏmåsn ◡ j*.

Als Vorläufer der in historischer Zeit belegten Nomina actionis/Infinitive sind mindestens folgende prähistorische Nomina actionis anzusetzen (unten als Gruppe B bezeichnet):

1. maskuline „Infinitive", z. B. *sḏm*;
2. feminine „Infinitive", z. B. *mr.t*;
3. maskuline Komplementsinfinitive ohne Endung, Typ *sḏm*[126];
4. feminine Komplementsinfinitive auf *-t*, Typ *sḏm.t*[127];
5. „Infinitive" auf *-w*[128]; dazu eventuell das aktive *sḏm.w=f* (siehe oben Abschnitt 4.2.2);
6. das Negativkomplement auf *-w*, Typ *sḏm.w/mrj.w*.

Dazu eventuell:

7. das *sḏmm=f*-Passiv (siehe oben Abschnitt 4.2.3).

Die Liste ließe sich verlängern mit den semantisch nahestehenden Verbalabstrakta, z. B. Typ *sḏm.t/mr.wt*.

Die zahlreichen Vokalisationstypen der Verbalsubstantive auf -Ø, *-t*, *-w* und *-wt*, die J. Osing aufgestellt hat[129], zu erörtern, erübrigt sich, weil bei den zu vergleichenden „Tempora" der Suffixkonjugation die Vokalisation nur sporadisch bekannt ist.

Bei einem Vergleich der Nomina actionis, die als Basis für die Entstehung der Suffixkonjugation hypothetisch postuliert werden (Gruppe A) und derjenigen Nomina actionis, die bis in historische Zeit als Nomina actionis erhalten sind (Gruppe B), fällt auf, daß die Bildungen in Gruppe A deutlich weniger abhängig sind von der Verbalklasse als diejenigen aus Gruppe B. Während z. B. die Endungen in Gruppe A für alle Verbalklassen durchgehend gelten, werden in Gruppe B in Abhängigkeit von der Verbalklasse vor allem die Infinitive teilweise maskulin, teilweise feminin gebildet. Die einzige faßbare Unregelmäßigkeit in Gruppe A ist der Ersatz des dritten schwachen Radikals durch den reduplizierten vorletzten Radikal; dazu kommen einige vollkommen unregelmäßige Bildungen (5.). Allzusehr hier in die Einzelheiten zu gehen, besonders in die der Vokalisation, die bei den Infinitiven bestens bekannt ist, verbietet die bei den verschiedenen Nomina actionis, besonders denen, die als Basis der Suffixkonjugation postuliert werden, sehr ungleichmäßige Überlieferung.

126 Edel, AäG, §§ 723—5.
127 Edel, AäG, § 724.
128 Edel, AäG, §§ 693 f.
129 Osing, Nominalbildung.

Interessant wäre zu wissen, ob die Nomina actionis aus Gruppe A teilweise mit denen aus Gruppe B identisch sind. Möglich wäre dies jedenfalls bei der Basisform für *sḏm=f* und eventuell *sḏm.n=f* aus Gruppe A und dem maskulinen Infinitiv aus Gruppe B bzw. entsprechend vokalisierten anderen Nominalformen[130] (die Rekonstruktion der Verben 2-rad. beruht auf einem Hinweis J. Osings):

3-rad.:	(A) *sḏm(=f)*:	**saḏmå̆=*[131], st. abs. ***sắḏ ◡ m*(?);
	(B) Inf. *sḏm*:	**sắḏ ◡ m > sōtm.*
2-rad.:	(A) *rḫ(=f)*:	**reḫḗ= > (m)eša=(k)*, st. abs. ***rĕ́ḫ*(?);
	(B) Inf. *rḫ*:	***rĕ́ḫ*[131a].

Übereinstimmungen solcher Art bestehen höchstens für jeweils einen Teil der Verbalklassen. So bestünde die für *sḏm=f* angeführte mögliche Übereinstimmung bereits nicht für Verben IIIae inf., bei denen der entsprechende Infinitiv feminin ist.

5.2.2 Zur Frage der Einheit des *sḏm=f*

Die oben Abschnitt 5.2.1 angeschnittene Frage, wie viele „Tempora" es im Altägyptischen gab, hängt von der Beurteilung folgender drei Problemkomplexe ab:

1. dem Status der oben in Abschnitt 4.2 behandelten defektiven „Tempora";
2. der Frage, inwieweit die „emphatischen" „Tempora" formal von den entsprechenden nicht-„emphatischen" „Tempora" unterschieden sind;
3. der Frage, in wie viele „Tempora" das *sḏm=f* zu teilen ist.

Das Problem der defektiven „Tempora" (1.) wurde bereits als nicht eindeutig lösbar erklärt; das Problem der „emphatischen" „Tempora" (2.) wird unten Abschnitt 5.2.6 in anderem Zusammenhang — mit ebenfalls nicht ganz eindeutigem Ergebnis — behandelt.

Die hier zu vertretende Lösung für das *sḏm=f*-Problem, die Frage nach der Einheit des *sḏm=f* (3.), ist direkt durch die von F. Junge ausgearbeitete Verbaltheorie angestoßen worden, in der für die üblicherweise geschiedenen „Tempora" des *sḏm=f* kein systematischer Platz ist. Im gegenwärtigen Zusammenhang kann diese schwierige Frage nur kurz angeschnitten werden.

Nachdem oben Abschnitt 5.2.1 der Ansatz verschiedener „Tempora" aufgrund vokalisiert überlieferter Formen bezweifelt wurde, bleibt noch eines der gewöhnlich angeführten Argumente übrig: Der volle Umfang des Ansatzes verschiedener „Tempora" beruht auf dem Verhalten von vier unregelmäßigen Verben, die in verschiedenen syntaktischen Funktionen verschiedene Formen zeigen (Das Verhalten der Klasse der Verben IIae gem. ist teilweise durch das Verb *mꜣꜣ* abgedeckt; auf Weiteres wird nicht eingegangen):

130 Osing, Nominalbildung.
131 Osing, Text.
131a Fecht, Wortakzent, § 213.

	perfektisch	nach *jr*	Umstandssatz	prospektiv
rḏj	*rḏ(j)*	*rḏ(j)*	*ḏj*	*ḏj*
jwj	*jw(j)*	*jw(j)*	*jw(j)*	*jwt*
jnj	*jn(j)*	*jn(j)*	*jn(j)*	*jnt*
mꜣꜣ	*mꜣ*	*mꜣꜣ*	*mꜣꜣ*	*mꜣn*

Die Tabelle vereinfacht die Befunde etwas; z. B. kann im Alten Reich das prospektive *sḏm=f* von *jwj* auch *jw(j)* lauten[132]. Es soll hier einmal angenommen werden, daß die Tabelle für das Mittlere Reich und nur für dieses streng gilt.

Es stellt sich nun folgende Frage: Wenn keiner der vier Sätze von Verbalformen (perfektisch, nach *jr*, Umstandssatz, prospektiv) mit einem anderen gleich ist, sind dann notwendig vier „Tempora" für das altägyptische *sḏm=f* des Mittleren Reiches in toto anzusetzen? Die Antwort kann nur „nein" lauten. Denn:

1. Die formalen Unterschiede zwischen den vier Formen sind bei verschiedenen Verben unterschiedlich: bei *rḏj* wird der Anlaut betroffen, bei *jwj* und *jnj* der Auslaut, ebenso, wiederum in anderer Weise, bei *mꜣꜣ*. Es könnte sein, daß jeweils andere Gründe für die Existenz der besonderen Formen bestehen. So ist von *rḏj* auch sonst festzustellen, daß *r* in der Vortonsilbe wegfällt[133]: z. B. steht das PPA *rḏ(j)* (**rấḏ* ◡ *j*)[134] neben der Relativform *d(j).t=f* (**ḏi̊jt* ◡ *f* < ***raḏi̊jt* ◡ *f*)[135] (zum Ansatz der Relativform siehe unten Abschnitt 5.2.7). Für die Form *ḏj=* < ***r* ◡ *ḏjå=* trifft diese Regel zu, jedoch scheint in der Stellung nach *jr* und in perfektischer Funktion (nach der Negation *n*) das *r* trotzdem bestehenzubleiben, weil der Anlaut „gedeckt" ist durch die vorausgehende Partikel. Für die anderen Verben können diese für *rḏj* maßgebenden Lautregeln nicht gelten.

2. Die vier Verben gehören zu den am häufigsten gebrauchten der Sprache (zur Orientierung: in der Sinuhe-Erzählung nehmen sie die Ränge 1(*rḏj*), 6(*jnj*), 7(*jwj*) und 9(*mꜣꜣ*) ein; andere häufige Verben: 2(*jrj*), 3(*ḏd*), 4(*wnn*), 5(*rḫ*), 8(*mrj*), 9(*sḏm*)[136]). Es ist deshalb denkbar, daß sich hier historische, zufällig zustande gekommene Lautformen in bestimmten syntaktischen Funktionen erhalten haben, die nur historischen Wert besitzen. Man kann hier z. B. auf das Tempussystem deutscher Dialekte verweisen, in denen das Präteritum (z. B. „ich ging") durch das Perfekt („ich bin gegangen") ersetzt ist, in denen aber einige häufige Modalverben zwar wie alle anderen Verben das Perfekt bilden können, in der Regel jedoch das sonst ausgestorbene Präteritum verwenden („ich war, wollte, . . .").

3. Die vier häufigen Verben sind teilweise lautschwach; es wäre deshalb denkbar, daß in der Sprache gegen die regelmäßigen lautschwachen Bildungen eine Aversion bestand, daher solche lautstärkeren Formen wie *jwt*, *jnt*, *mꜣn*; solche lautstärkeren Varianten könnten je nach lautlicher Umgebung und Häufigkeit

[132] Edel, AäG, § 481.
[133] Vgl. auch Thacker, Relationship, 73.
[134] Siûṭ I, 263.
[135] Siûṭ I, 306.
[136] Grapow, Sinuhe, 123 f.

einer syntaktischen Funktion unterschiedlich große Notwendigkeit gehabt haben.

Die Verteilung der Formen auf bestimmte Funktionen ist allerdings so klar, daß man auch annehmen könnte, man hätte hier erste Kristallisationspunkte für neue altägyptische „Tempora", die dann allerdings durch die fernere Entwicklung der Sprache (nach dem Mittleren Reich) überholt wurden.

Es braucht somit hier keine zentrale Erscheinung des altägyptischen Verbalsystems vorzuliegen; es könnte sich ebenso gut um eine periphäre Besonderheit handeln: um eines der heterogenen Subsysteme, wie sie für die systemoide menschliche Sprache charakteristisch sind[137].

Für den Ansatz von Nomina actionis als Basis für die „Tempora" der Suffixkonjugation ergibt sich daraus folgende Konsequenz: für den Subjunktiv *jwt* zu *jwj* „kommen" und *jnt* zu *jnj* „bringen" können, wie oben geschehen, spezielle Nomina actionis angesetzt werden (*jw.t*; *jn.t*); für die „regelmäßigen" Verben brauchen deswegen aber noch keine Suppletivbildungen, die sich nur durch die Vokalisation unterscheiden könnten, in Rechnung gestellt zu werden.

5.2.3 Die Bildungselemente *-n-*, *-jn-*, *-ḫr-*, *-kꜣ-*, *-tj-* als Lexeme

Im Rahmen einer Nomen-actionis-Theorie können die Bildungselemente *-n-*, *-jr-*, *-ḫr-*, *-kꜣ-*, und *-tj-* in gleicher Weise wie in den verschiedenen Partizipial-Theorien (siehe oben Abschnitt 3.3) erklärt werden. Grundsätzlich bieten sich zwei verschiedene Lösungen an:

1. *-n-*, *-jn-*, *-ḫr-*, *-kꜣ-* und *-tj-* bzw. ein Teil dieser Elemente sind prähistorische Wortbildungsaffixe. Gegen diese Lösung lassen sich mehrere Einwände erheben:

(1.1) Abgesehen von *-n-* sind alle Bildungselemente zweikonsonantig, während im historischen Altägyptisch die Wortbildungsaffixe — abzüglich Femininendung *-t-* — nur einkonsonantig sind (Affixe wie *-wtj* bestehen aus den sukzessiv angehängten Affixen *-w(t)* und *-j*); das Argument ist insofern nicht schlüssig, als in der hamitosemitischen Grundsprache die Verhältnisse anders gewesen sein können.

(1.2) Die Wortbildungsaffixe des Altägyptischen müßten für den speziellen Fall der Suffixkonjugation um Affixe vermehrt werden, die weder in der Wortbildung der historischen Zeit noch — um vorzugreifen — (allenfalls mit Ausnahme von *-n* und *-jn*) im Hamitosemitischen anzutreffen sind.

(1.3) *-tj-* wird mit *-n-*, *-jn-*, *-ḫr-*, *-kꜣ-* zu *-ntj-*, *-jntj-*, *-ḫrtj-*, *-kꜣtj-* verbunden, was die Schwierigkeiten aus 1.1 und 1.2 potenziert.

Insgesamt erscheint diese Lösung als sehr ungünstig für die später notwendige Bewährung der systematischen Rekonstruktion als einer historischen; als systematische ist sie jedoch nicht auszuschließen, da sich aus der hypothetischen Rekonstruktion durchaus die historischen Verhältnisse ableiten lassen. Am wenigsten erheben sich Einwände gegen den Ansatz von *-n-* als Wortbildungsaffix, auch unter dem Gesichtspunkt der historischen Rekonstruktion; immerhin dürfte wohl der *n*-lose

[137] Vgl. Martinet, Functional View, 1—38.

Gebrauch des *sḏm.n=f* als „Tempus consecutivum“ (siehe unten Abschnitt 5.3) gegen die Auffassung von *-n-* als Wortbildungsaffix sprechen.

2. *-n-*, *-jn-*, *-ḫr-*, *-kꜣ-* und *-tj-* bzw. ein Teil dieser Elemente sind prähistorische Lexeme, und zwar entweder

(2.1) Präpositionen bzw. Partikeln bzw. Substantive oder

(2.2) Verben.

Zu 2.1: Bei dieser Lösung ergibt sich folgende Lage: Alle Elemente mit Ausnahme von *-tj-* können mit Lexemen des historischen Altägyptisch in Verbindung gebracht werden, und zwar

-n-, *-jn-*, *-ḫr-* mit den Präpositionen *n*, *jn*, *ḫr*;

-jn-, *-ḫr-*, *-kꜣ-* mit den nichtenklitischen Partikeln *jn*, *ḫr*, *kꜣ*;

-ḫr-, *-kꜣ-* mit den Substantiven *ḫr(w)* „Stimme“, *kꜣ* „Ka“ (oder auch anderen Substantiven mit ähnlichen Wurzeln, z. B. *kꜣj* „denken“).

Es ist nicht möglich, alle Elemente mit Hilfe altägyptischer Lexeme aus einer einzigen Funktionswortart zu erklären. Zieht man in Betracht, daß Präpositionen und auch Partikeln häufig nachweisbar auf Substantive zurückgehen, so darf man für die prähistorische Zeit alle genannten Äquivalente hypothetisch als gleichartig, und zwar als Substantive ansetzen.

Die meisten Elemente, wohl mit Ausnahme von *-tj-*, lassen sich als altägyptische Präpositionen semantisch approximativ interpretieren:

-n- < **n* „für“	*sḏm.n=f* „er hörte“ < **sḏm n=f* „Das Hören (ist) für ihn“ oder auch „Er hat das Hören“;
-jn- < **jn* „durch“	*sḏm.jn=f* „da hörte er“ < **sḏm jn=f* „Das Hören (ist) durch ihn“;
-ḫr- < **ḫr* „bei“	*sḏm.ḫr=f* „dann hört er“ < **sḏm ḫr=f* „Das Hören (ist) bei ihm“;
-kꜣ- < ***kꜣ* „durch“	*sḏm.kꜣ=f* „er wird hören“ < **sḏm kꜣ=f* „Das Hören (ist) durch ihn“.

Alternativ lassen sich alle Elemente, unter Einschluß von *-tj-*, als Substantive (+ folgender direkter „Genitiv“) semantisch approximativ interpretieren (die angegebenen Bedeutungen dürfen nicht allzu wörtlich genommen werden; sie illustrieren lediglich, in welcher Richtung man die genauen Bedeutungen zu suchen hat):

-n- < ***n* „Beteiligungskraft“

sḏm.n=f „er hörte“ < **sḏm n=f* „Das Hören seitens seiner Beteiligungskraft“;

-jn- < ***jn* „Betätigungskraft“

sḏm.jn=f „da hörte er“ < **sḏm jn=f* „Das Hören seitens seiner Betätigungskraft“;

-ḫr- < ***ḫr(w)* „Stimmkraft“

sḏm.ḫr=f „dann hört er“ < **sḏm ḫr=f* „Das Hören seitens seiner Stimmkraft“ (statt des Musterverbs *sḏm* „hören“ ist sinnvollerweise ein anderes Verb einzusetzen);

-kꜣ- < **kꜣ* „Lebenskraft"

sḏm.kꜣ=f „er wird hören" < **sḏm kꜣ=f* „Das Hören seitens seiner Lebenskraft";

-tj- < ***tj* „Befangenheit"

sḏm.tj=f „er wird gehört" < **sḏm tj=f* „Das Hören seitens seiner Befangenheit".

Entsprechend für *-ntj-*, *-jntj-*, *-ḫrtj-*, *-kꜣtj-*, z. B:.

-jntj- *sḏm.jntj=f* „da wurde er gehört" < **sḏm jn tj=f* „Das Hören seitens der Betätigungskraft seiner Befangenheit".

Die Rekonstruktionen sollen lediglich plausibel machen, daß eine Ableitung der Bildungselemente aus hypothetischen prähistorischen Lexemen möglich ist. Dabei ist es — vor allem wegen der Möglichkeit der Entstehung von Präpositionen aus Substantiven — ziemlich gleichgültig, ob man im einzelnen Fall die Lösung als Präposition oder die Lösung als Substantiv vorzieht (zum syntaktischen Rahmen, Nominalkomplex oder Adverbialer Nominalsatz, siehe unten Abschnitt 5.2.5). Von der Gängigkeit der Lexeme in historischer Zeit her gesehen, läge bei *-n-* und *-jn-* die Ableitung von Präpositionen nahe, bei *-kꜣ-* die von einem Substantiv, bei *-ḫr-* die eine oder die andere. Die Passiv-Bedeutung der mit *-tj-* gebildeten Formen wird aus der Bedeutung des Lexems *-tj-* hergeleitet: das Lexem müßte eine passive Beteiligung am Handlungsgeschehen ausdrücken. Während z. B. ein **ḫr(w)* „Stimmgewalt" die aktive Beteiligung des Agens erwarten läßt, müßte ein ***tj* „Befangenheit" die passive Beteiligung des Agens nahelegen; z. B. „seine Stimmgewalt wirkt so und so mit" > „er wirkt", dagegen „seine Befangenheit wirkt so und so mit" > „auf ihn wird eingewirkt". Es ist müßig, über die Einzelheiten der semantischen Entwicklung Überlegungen anzustellen: die Möglichkeiten übersteigen die Möglichkeiten der formalen Entwicklung bei weitem.

Zu 2.2: Diese Lösung erklärt *-jn-*, *-ḫr-* und *-kꜣ-* als Verben, die ihrerseits im Tempus *sḏm=f* bzw. *sḏm.n=f* der Suffixkonjugation stehen[138]; z. B.

sḏm.ḫr=f „dann hört er" < **sḏm ḫr(w)=f* „‚Hören' sagt er"; *sḏm.jn=f* „da hörte er" < **sḏm j.n=f* „‚Hören' sagte er".

Der Lösungsweg ist zwar nicht unmöglich, aber entbehrlich, jedenfalls in einer nur-systematischen Theorie, da er die Entstehung des *sḏm=f* und des *sḏm.n=f* nach 2.1 voraussetzt, 2.1 jedoch ohne 2.2 bereits eine Erklärung für die durch 2.2 erklärten Verhältnisse zu bieten vermag.

5.2.4 Gliederungsverschiebung

In der historisch belegten Suffixkonjugation kann das „Subjekt" von Verbalstamm + eventuellen „Tempus"-Bildungselementen getrennt werden, wenn das „Subjekt" kein Pronomen, sondern ein Substantiv ist; z. B. *sḏm.n* X Y „nachdem

[138] Lexa, Origine, 45—8; Lefebvre, Origine, 285; Zyhlarz, Ursprung, 189—91.

X Y gehört hatte", *sḏm.n gr.t* X Y „nachdem X Y ja gehört hatte". Diese Sprengung des mutmaßlichen ursprünglichen direkten „Genitivs" (z. B. *n=f* „für ihn" o. ä.), ist vergleichbar mit der Sprengung des direkten „Genitivs" in historischer Zeit durch zwischengeschobenes *pw*; z. B. *dꜣng pw jbꜣ.w nṯr* „Er ist ein Zwerg der Gottestänze"[139]. Auffällig ist dann aber, daß — unter der oben bevorzugten Erklärung der Bildungselemente als Substantive/Präpositionen — die Verbindung Verbalstamm + Bildungselement nicht gesprengt werden kann, obwohl hier entweder — wenn die Bildungselemente Substantive sind — in prähistorischer Zeit ebenfalls ein direkter „Genitiv" anzusetzen ist oder aber — wenn die Bildungselemente Präpositionen sind — eine syntaktische Relation, die die Unauflöslichkeit nicht begründen kann (Relation Subjekt — Prädikat in einem Adverbialen Nominalsatz).

Aus diesem Sachverhalt ergibt sich, daß die prähistorischen Bildungselemente in prähistorischer Zeit zu Affixen des Verbalstamms uminterpretiert worden sein müssen, falls sie dies nicht — was oben Abschnitt 5.2.3 als ungünstige Lösung bezeichnet wurde — von Anfang an waren. Die Uminterpretation ist eine Gliederungsverschiebung unter gleichzeitiger Entklammerung (Synthese):

*(*sḏm* + {*jn* + X}) > *({*sḏm* + *jn*} + X) > (*sḏm.jn* + X).

5.2.5 Der nominale Charakter der Sätze mit Suffixkonjugation

Die Ableitung der Suffixkonjugation aus Nomina actionis bedeutet, daß die Verbalstämme der Suffixkonjugation zur Zeit ihrer Entstehung entweder der Nukleus eines Nominalkomplexes oder das Erstnomen eines Nominalsatzes sein mußten:

1. Bei bildungselementlosen Verbalformen und bei einem Ansatz der Bildungselemente als Substantive liegt der Nukleus eines Nominalkomplexes vor, z. B.:
   sḏm=f „er hört" < **sḏm=f* „sein Hören";
   sḏm.jn=f „da hörte er" < **sḏm jn=f* „das Hören seiner Betätigungskraft".
2. Bei einem Ansatz der Bildungselemente als Präpositionen liegt ein Adverbialer Nominalsatz vor, z. B.:
   sḏm.n=f „er hörte" < **sḏm n=f* „Hören (ist) ihm".

Beide Fälle lassen sich auf einen gemeinsamen Nenner bringen, wenn man annimmt, daß der Satz aus Fall 2 als Satznomen verwendet wird; z. B.:

sḏm.n=f „(Die Tatsache), daß er hörte" < **sḏm n=f* „Hören (ist) ihm"

(durch Nominalisierung des Satzes **sḏm n=f*), eine Konstruktionsweise, die aus dem historischen Altägyptisch zu belegen ist, z. B. *sḏm=f pw* „Daß er hört, ist das".

Gleichviel, ob die verschiedenen „Tempora" alle als Syntagmen des Typs 1 entstanden sind oder ob sekundär — wenn überhaupt Verbalformen nach Typ 2 entstanden sind — Formen des Typs 2 durch die genannte Nominalisierung in solche des Typs 1 umfunktioniert wurden: es läßt sich nachweisen, daß sämtliche

[139] Edel, AäG, § 322.

„Tempora" der Suffixkonjugation im historischen Ägyptisch vom Typ 1 sind, d. h. Nukleus eines Nominalkomplexes. Es wurde dies bereits oben in Abschnitt 4.2.2 ansatzweise gezeigt. Es soll auch hier nicht weiter ausgeführt werden, da F. Junge in einer in Vorbereitung befindlichen Untersuchung im einzelnen den Nachweis führen wird, daß der nominale Charakter der Suffixkonjugation noch in der „klassischen" Literatursprache voll und ganz erhalten ist. Statt dessen wird der Sachverhalt am Beispiel der „emphatischen" Formen, deren Genese sich im Rahmen der Nomen-actionis-Theorie ohne Schwierigkeiten erklären läßt, exemplifiziert.

5.2.6 Die „emphatische" Konstruktion und die Entstehung der „emphatischen" Formen

Die „emphatischen" Formen sind, wie der Entdecker ihrer Funktion, H. J. Polotsky, feststellte, nominale Verbalformen[140]. Er nannte sie in seiner ersten Abhandlung zu diesem Thema „abstrakte Relativformen", da sie im Gegensatz zu echten oder „konkreten" Relativformen, als deren Entsprechung er sie ansah, genusinvariabel sind. Der Ansatz der „emphatischen" Formen als Relativformen ist vor dem Hintergrund der Gardinerschen Passiv-Theorie zu verstehen, die nachzuweisen suchte, daß die Reihe der Relativformen einem Kern an „Tempora" der Suffixkonjugation parallel läuft, eine Konstruktion, die oben Abschnitt 3.3.3 u. a. wegen einer Unstimmigkeit bei der Einordnung der „emphatischen" Formen in der ursprünglichen Form abgelehnt wurde.

Die „emphatischen" Formen lassen sich nun aber im Rahmen der Nomen-actionis-Theorie ganz im Sinne H. J. Polotskys verstehen: als Nomina actionis, die die Erstnomenstelle eines Adverbialen Nominalsatzes einnehmen, dessen Prädikat der „betonte abverbiale Satzteil" ist; z. B.

prr=f m pr „daß er herausgeht, ist aus dem Haus" < „sein-Herausgehen ist aus-dem-Haus".

Es läßt sich feststellen, daß in einem Satz mit „emphatischer" Form, der mehr als *eine* adverbiale Bestimmung enthält, in der Regel die letzte die betonte ist. Diese Formulierung ist konsistent mit der Feststellung F. Junges, daß bei gleichzeitigem Vorkommen „fester" und „freier" adverbieller Bestimmungen eine „freie" die betonte ist[141]; die „freien" adverbiellen Bestimmungen stehen nämlich in der Regel nach den „festen". Z. B.

{prr=f m pr} m dwꜣ.w „daß er aus dem Haus geht, ist am Morgen".

Lediglich die Präposition *n* + Suffix (und ähnliches) wird, wie auch sonst, nach vorn gezogen, z. B.

rḏj.n=j n=k ʿnḫ < **{rḏj.n=j ʿnḫ} n=k* „daß ich Leben gebe, ist dir".

Vgl. Sätze vom Typ *sḏm=f pw sn=f* < **{sḏm=f sn=f} pw* „das heißt: er hört seinen Bruder", in denen *pw* in einen Satz eingeschoben wird. Es handelt sich hier

[140] Polotsky, Etudes, 90 f.
[141] Junge, Adverbielle Bestimmung.

um eine regelmäßige Transposition, die die Dependenz-Verhältnisse der Sätze nicht berührt.

Die Betonung des adverbialen Satzteils, die als Charakteristikum der Sätze mit „emphatischer" Form angegeben wird, ist also nach der hypothetischen Rekonstruktion bereits durch die Funktion des „betonten adverbialen Satzteils" als Prädikat eines Adverbialen Nominalsatzes (dessen Erstnomenstelle durch einen Nomensatz besetzt ist) gegeben, unabhängig davon, daß als Verb des eingebetteten Satznomens eine spezielle „emphatische" Form steht.

Wenn die Bedeutung der „emphatischen" Konstruktion bereits durch die Syntax erklärt werden kann[142], so stellt sich die Frage, inwieweit es dann die „emphatischen" Formen als „Tempora" (der Suffixkonjugation) überhaupt gibt. Für eine morphologische Kategorie „emphatische" Form sprechen nur folgende Fakten:

1. das nicht negierte *sḏm.ntj=f* scheint ausschließlich in „emphatischer" Funktion möglich zu sein[143] (dagegen ist auffälligerweise die negierte Form *n sḏm.ntj=f* (noch) nicht auf diese Funktion festgelegt[144]).

2. *mrr=f* steht vorzugsweise in „emphatischer" Funktion, bzw., von einer anderen Seite aus betrachtet: wenn das „Tempus" *sḏm=f* in „emphatischer" Funktion gebraucht wird, so steht bei Verben, die *mrr=f* erkennen lassen, in der Regel dieses[145].

Alle übrigen „emphatischen" Formen sind, soweit das die Schrift erkennen läßt, identisch mit nicht-„emphatischen" Formen der Suffixkonjugation (*sḏm.n=f*, passives *sḏm.w=f*).

Es bestünde somit die Möglichkeit, daß die „emphatischen" Formen *mrr=f* und *sḏm.ntj=f* — historisch gesehen — nur den Ausgangspunkt für die Entstehung der morphologischen Kategorie „emphatische" Form/Zweites Tempus in späteren Stufen des Altägyptisch-Koptischen bilden.

Ein solcher Ansatz läßt sich von der späteren Etwicklung (Neuägyptisch-Koptisch) her begründen: Die koptischen Zweiten Tempora gehen zurück:

1. in wenigen Fällen auf das neuägyptische *j.jr=f*, eine *mrr=f*-Form;
2. meist auf Relativkonstruktionen[146].

Die Existenz eines einigermaßen vollständigen Satzes von „emphatischen"/ Zweiten „Tempora" neben nicht-„emphatischen"/Ersten „Tempora" ist wohl erst eine nach-neuägyptische Entwicklung, die mit einem entsprechenden „emphatisch"/ nicht-„emphatischen" „Tempus"-System der Sprache des Alten und Mittleren Reiches, falls dieses bestand, historisch nur locker verbunden ist. Denn im Neuägyptischen gibt es — wenn man das historisch „auslaufende" *sḏm=f* < *sḏm.n=f*[147] beiseite läßt — nur eine einzige „emphatische" Form, *j.jr=f*, die als Bindeglied zwischen der älteren Sprache und dem Koptischen in Betracht kommt.

142 Siehe bereits Westendorf, Imperfektisch oder emphatisch.
143 Polotsky, *sḏm.n.f*.
144 Polotsky, *sḏm.n.f*, 116.
145 Polotsky, Etudes, 78—83; vgl. Cenival, *mrr.f*.
146 Polotsky, Etudes, 53—9; 69 f.
147 Wente, Emphatic Tense; Groll, *ỉw sḏm=f*, besonders 189 f.

Die Konstruktion Präposition + *sḏm=f* zeigt, daß *mrj=f* und *mrr=f* in Konkurrenz stehen. Die Wahl der einen oder anderen Form dürfte mit der Bedeutung des zugrundeliegenden Nomen actionis *mrj* bzw. *mrr* zusammenhängen. Mit dieser Bedeutung muß ebenso zusammenhängen, daß *mrr=f* die „emphatische" Funktion erhielt, *mrj=f* dagegen nicht. Z. B. könnte man annehmen, daß *mrj=f* lediglich bedeutet „die Tatsache, daß er liebt", *mrr=f* dagegen spezifischer „die Art und Weise/der Umstand, wie er liebt", daß also bereits im Nomen actionis *mrr* die Art und Weise einer Handlung angelegt ist, die dann im betonten adverbialen Satzteil näher spezifiert wird; z. B.

prr=f m pr m ḫtḫt „die Art und Weise, wie er das Haus verläßt, ist: rückwärts";

mrr=f jrr=f „die Art und Weise, wie er will, bedeutet: die Art und Weise, wie er tut" > „will er, so tut er"[149].

Die schematisch abgeleitete Form *sḏm.ntj=f* (*sḏm.n=f* mit Standard-Passiv-Element *tj*) ist redundant, weil dafür das unabgeleitete *sḏm.w=f*-Passiv zur Verfügung steht. *sḏm.ntj=f* ist dadurch für neue Funktionen frei.

Dadurch, daß *mrr=f* auf Grund seiner (lexikalischen) Bedeutung semantisch besonders geeignet ist für die „emphatische" Konstruktion und deshalb hier besonders häufig erscheint, wird die „emphatische" Bedeutung der Konstruktion auf die Form übertragen. *sḏm.ntj=f* wäre als redundante Form, nachdem bei *mrr=f* eine Morphologisierung der „Emphase" begann, in dieses neue System hineingezogen worden. Es handelte sich also bei diesen beiden „emphatischen" Formen um allererste Ansätze zur Ausbildung einer vollständigen Serie von „emphatischen" „Tempora" der Suffixkonjugation, die dann aber durch andere Tendenzen im Verbalsystem (Zurückdrängung der Suffixkonjugation) nie zu voller Ausbildung gediehen.

Das Ergebnis der Überlegungen läßt sich so zusammenfassen:

1. Der Ausbau eines „Tempus"-Systems der „emphatischen" Formen ist im Alten und Mittleren Reich erst in Ansätzen vorhanden. Er kommt durch andere Faktoren in der Sprachentwicklung (Abbau der Suffixkonjugation) nie zum Ziel.

2. Die Ansätze zu einem „Tempus"-System der „emphatischen" Formen gehen über *mrr=f/j.jr=f* in das nach-neuägyptische Sprachsystem ein und führen dort erst zu einem konsequenten Ausbau.

3. Es besteht keine Notwendigkeit, für die Sprache des Alten und Mittleren Reiches spezielle „emphatische" Formen wie *sḏm.n=f* und *sḏm.w=f* anzusetzen.

4. Die „emphatischen" Formen des Alten und Mittleren Reiches, soweit sie überhaupt noch anzusetzen sind, sind gewöhnliche „Tempora" der Suffixkonjugation.

5.2.7 Exkurs: Die Relativformen

Zwischen den „Tempora" der Suffixkonjugation und den Relativformen besteht, wie oben Abschnitt 3.3.3 dargestellt, ein gewisser Zusammenhang: vor allem ge-

[149] Vgl. Gardiner, Besprechung Polotsky, 99; Cenival, *mrr.f*.

schieht die Angabe der Person durch die Personalsuffixe (Possessivpronomina). Es galt lange als sicher, daß die Relativformen aus Konstruktionen mit passiven Partizipien hervorgegangen sind[150] oder sogar noch in historischer Zeit solche Konstruktionen waren[151]. Jedenfalls gilt dies für die Relativformen, die nach dem üblichen, passivischen Verständnis als *mrj.w=f* und *mrr.w=f* anzusetzen sind. Schwieriger einzuordnen war die *sḏm.n=f*-Relativform, die nicht einfach auf eines der in historischer Zeit belegten passiven Partizipien zurückgeführt werden kann (passive Partizipien haben die Endung *-j* bzw. *-w*; das Element *-n-* muß erklärt werden), sondern eine ähnliche Entstehung wie das *sḏm.n=f* der Suffixkonjugation gehabt haben muß[152].

Die morphologischen Fragen können hier nicht im einzelnen erörtert werden, weil J. Osing in einer im Druck befindlichen Arbeit[153] durch neue vokalisierte Belege nachweist, daß die Konstruktion der passiven Partizipien, die bisher als Grundlage der Relativformen galt, von den eigentlichen Relativformen, die auf aktive Partizipien zurückgehen, zu trennen ist.

> Sollte sich die Ableitung der Relativformen aus aktiven Partizipien bestätigen, so ergäbe sich eine Vereinfachung des Systems: Während bisher in der historisch bezeugten Sprache bei zwei Relativformen, *mrj.w=f* und *mrr.w=f*, Beziehungen zu passiven Verbalformen (Partizipien) bestanden, bei einer Relativform, *sḏm.n=f*, aber gewisse Beziehungen zu einer aktiven Verbalform, dem „Tempus“ *sḏm.n=f* der Suffixkonjugation, würden nun den Relativformen ausschließlich aktive Formen entsprechen.

Die Nomen-actionis-Theorie der Suffixkonjugation als richtig vorausgesetzt, läßt sich die Entstehung der Relativformen — unabhängig davon, ob man sie aus aktiven oder passiven Partizipien erklärt — folgendermaßen beschreiben:

1. Die Relativformen, „adjektivische“ Verbalformen, dürften eine Parallelentwicklung zu den „substantivischen“ „Tempora“ der Suffixkonjugation sein. Damit wären beide Arten altägyptischer Verbalnomina, Verbalsubstantive und Verbaladjektive (vgl. oben Abschnitt 3.2.3) in analoger Weise entwickelt worden.

2. Die „Relativkonjugation“ wurde nicht so weit ausgebaut wie die Suffixkonjugation: es gibt nur drei Relativformen, aber wesentlich mehr „Tempora“ der Suffixkonjugation. Während die Suffixkonjugation auf einer größeren Anzahl von Nomina actionis basiert, geht die „Relativkonjugation“ von nur zwei (oder drei) Partizipien aus. Während die Suffixkonjugation durch Gliederungsverschiebung eine Reihe von Lexemen in ihr System einbezieht (*-n-*, *-jn-*, *-ḫr-*, *-kꜣ-*, *-tj-*), wird in die „Relativkonjugation“ nur eines dieser Lexeme (*-n-*) übernommen.

3. Da die Basen für Suffixkonjugation und „Relativkonjugation“ verschieden sind (hier Nomina actionis, dort Partizipien), braucht keine genaue Korrespondenz zwischen den „Tempora“ der Suffixkonjugation und der „Relativkonjugation“ zu bestehen. Eine Korrespondenz besteht — historisch erklärbar — nur zwischen dem

[150] Vgl. z. B. Gardiner, Relative Form.
[151] Edel, AäG, §§ 654—75.
[152] Edel, AäG, §§ 532; 667.
[153] Osing, Text.

sḏm.n=f der Suffixkonjugation und der *sḏm.n=f*-Relativform, deren Bildungselement *-n-* als identisch anzusehen ist (NB: ähnlich wie das „Tempus" *sḏm.n=f* der Suffixkonjugation das „Tempus" *sḏm=f* in historischer Zeit teilweise ersetzt, so drängt auch die *sḏm.n=f*-Relativform die perfektische Relativform *(mrj(.w)=f)* zurück).

Abschließend noch ein Wort zur Terminologie: Es wurden im vorausgehenden, um die Argumentation nicht durch Neologismen zu belasten, die eingebürgerten Termini „Suffixkonjugation" (bzw. „Tempora" der „Suffixkonjugation") und „Relativformen" (bzw. aushilfsweise „Relativkonjugation") benutzt. Genau genommen sollte man in beiden Fällen von „Suffixkonjugation" sprechen, und zwar im einen Fall von einer „substantivischen Suffixkonjugation", im anderen Fall von einer „adjektivischen Suffixkonjugation", wobei „substantivisch" heißt: genus-invariabel, nicht-attributiv; „adjektivisch": genusvariabel, attributiv. Ein terminologisches Problem ist in diesem Fall, daß die „Tempora" der „adjektivischen Suffixkonjugation" substantiviert werden können, damit aber nicht mit der „substantivischen Suffixkonjugation" zusammenfallen: in einem solchen Fall könnte man von „substantivierter adjektivischer Suffixkonjugation" sprechen. Es wäre leicht, praktikablere Termini zu erfinden; es soll dies hier nicht geschehen. Die Erörterung der Terminologie dient ausschließlich dem Zweck, den Sachverhalt klarzustellen.

5.2.8 Exkurs: Das Verbaladjektiv *sḏm.tj=fj*

Das Verbaladjektiv *sḏm.tj-fj*, das wegen der Personalsuffixe mit der Suffixkonjugation in Verbindung gebracht wird, unterscheidet sich von dieser prinzipiell dadurch, daß es nur Suffixe der dritten Person haben kann. Zu beachten ist zweitens, daß nur das Suffix variabel ist, nicht der Verbalstamm, obwohl dieser so aussieht wie ein Nomen agentis auf *-(w)tj*[154]; vgl. z. B.

	Nomen agentis	*sḏm.tj=fj*
3-rad.	*sḏm.tj* „Hörender" < „zum Hören Gehöriger"	*sḏm.tj=fj* „einer der hören wird"
	**sḏm.tt*	*sḏm.tj=sj* „eine die hören wird"
2-rad.	**mn.wtj*	*mn.wtj=fj* „einer der bleiben wird"
	**mn.wtt*	*mn.wtj=sj* „eine die bleiben wird"
IIIae inf.	*mr.wtj* „Liebling" < „zur Liebe Gehöriger"	*mr.wtj=fj* „einer der lieben wird"
	**mr.wtt*	*mr.wtj=sj* „eine die lieben wird"

[154] Zum Ansatz der IIIae inf. ohne schwachen Radikal siehe Schenkel, Studien, § 17 a.

Leitet man die Form *sḏm.tj=fj* aus einem Nominalen Nominalsatz ab (*sḏm.tj·sj* < **sḏm.tj sj* < ***sḏm.tt sj* „sie ist die Hörende/die zum Hören Bestimmte"), so ist die Genusinvariabilität des Stammes in Analogie zur Konstruktion *nfr sw* mit genusinvariablem Partizip zu erklären[155]. Da aber im Rahmen der Nomen-actionis-Theorie die Ableitung der Verbalformen aus Nominalkomplexen die einfachere ist und dort vorgezogen wird, soll hier eine Alternativlösung angegeben werden, die die Ableitung des *sḏm.tj=fj* aus einem Nominalen Nominalsatz vermeidet:

Es gibt einen – worauf W. Westendorf hinwies[156] – Nominalbildungstyp *sḏm.wj=fj* „einer mit zwei *sḏm*", der in Dämonennamen o. ä. belegt ist:

ḥr.wj=fj „der mit zwei Gesichtern"[157];
ʿj.wj=fj „der mit zwei Armen"[158];
bꜣ.wj=fj „der mit zwei Ba's"[159];
ḏꜣ.wj=fj(?) „der mit zwei *ḏꜣ*'s" (?)[159a].

Ein entsprechendes Femininum könnte vorliegen bzw., falls die Belege nicht so aufzufassen sind, hypothetisch angesetzt werden als:

ḥr.wj=sj „die (f. sg.) mit zwei Gesichtern"[159b].

Analog sollten Plurale und Duale z. B. heißen:

**ḥr.wj·sn* „die (pl.) mit zwei Gesichtern";
**ḥr.wj=snj* „die (du.) mit zwei Gesichtern".

sḏm.tj in *sḏm.tj=fj* wäre demnach ein Dual zu einem Nomen actionis *sḏm.t* „das Hören", also „die beiden Zuhörungen", mit Personalsuffix in der nach dem Dual gebräuchlichen Form: *sḏm.tj=fj* „der mit den beiden Zuhörungen", d. h. „der der auf jeden Fall hört".

Da der Nominalbildungstyp der Dämonennamen sonst nicht bekannt zu sein scheint, muß man sich zumindest vorläufig auf die vorgeschlagene Analogie beschränken; sollte der Nominalbildungstyp nicht auf Duale beschränkt sein, so ließen sich für *sḏm.tj=fj* auch Erklärungen mit anderer nominaler Komponente finden.

5.2.9 Bewertung der hypothetischen Rekonstruktion als systematischer Theorie

Die in den Abschnitten 5.2.1, 5.2.3 – 5.2.5 entwickelte hypothetische Rekonstruktion ist eine systematische Theorie der Entstehung der altägyptischen Suffixkonjugation. Als systematische Theorie steht sie auf gleichem Fuß mit den anderen

[155] Westendorf, Passiv, 133—7.
[156] Mitteilung im Seminar im Zusammenhang der Erklärung von CT IV, 276—7, a.
[157] Amduat, 2. Stunde, Nr. 138; 180.
[158] Amduat, 2. Stunde, Nr. 180.
[159] CT IV, 276—7, a; VI, 323, a.
[159a] CT V, 53, g.
[159b] Amduat, 1. Stunde, Nr. 117; Livre de la nuit, 44. Beide Belege unsicher, da Dual von *ḥr* weder explizit geschrieben noch durch Darstellung des (im Livre de la nuit zudem maskulinen) Dämons erwiesen; vgl. Hornung, Amduat, II, 32.

systematischen Theorien der Entstehung der Suffixkonjugation, d. h. mit den Partizipial-Theorien (Aktiv-Passiv-Theorie und Passiv-Theorie; siehe oben Abschnitt 3.3). Es erhebt sich somit die Frage, welche der drei Theorien die angemessenste Erklärung der Befunde bietet. Als Kriterien für eine solche Bewertung gelten Widerspruchsfreiheit, Vollständigkeit und Einfachheit (siehe oben Abschnitt 1.2).

Das Kriterium der Widerspruchsfreiheit dürfte bei allen drei Theorien, so weit wie sie entwickelt sind, zum gleichen Resultat führen: alle drei scheinen widerspruchsfrei zu sein.

Das Kriterium der Vollständigkeit würde zwar von vornherein die Aktiv-Passiv-Theorie diskreditieren, da sie bis jetzt nur ungenügend entwickelt ist; prinzipiell muß man aber zugestehen, daß die Aktiv-Passiv-Theorie so weit entwickelt werden könnte, daß sie nach dem Kriterium der Vollständigkeit den jetzt schon einigermaßen vollständigen Theorien, der Passiv-Theorie und der Nomen-actionis-Theorie, gleichkäme. Das endgültige Urteil muß also offenbleiben.

Somit kann nur noch das Kriterium der Einfachheit eine Entscheidung herbeiführen. Hier nun liegen die Verhältnisse recht klar: Während die Partizipial-Theorien die Suffixkonjugation aus anderen Verbalformen ableiten und dabei für semantische Verschiebungen und für formale Veränderungen (namentlich die Behandlung der Partizipialendungen) eine ziemlich große Menge von Regeln benötigen, wird in der Nomen-actionis-Theorie durch Herleitung aus Nominalbildungstypen und Lexemen sowohl das semantische Problem als auch das Problem der Form weitestgehend umgangen: die Probleme sind auf Wortbildung und Lexikon abgewälzt, wo fast unerschöpfliche Möglichkeiten des hypothetischen Ansatzes von solchen Bedeutungen und Formen gegeben sind, die sehr nahe an die in der Suffixkonjugation belegten Bedeutungen und Formen herankommen; die Anzahl der Überleitungsregeln kann daher leicht klein gehalten werden. Es kann daher kein Zweifel darüber bestehen, daß aufgrund des Einfachheitskriteriums die Nomen-actionis-Theorie den beiden Partizipial-Theorien (Aktiv-Passiv-Theorie und Passiv-Theorie) als systematische Theorie überlegen ist.

Trotzdem ist Vorsicht geboten: Wenn es auch den Anschein hat, die Nomen-actionis-Theorie sei unter den derzeit überprüfbaren systematischen Theorien der Suffixkonjugation nach Maßgabe des Einfachheitskriteriums die beste, so ist jetzt schon abzusehen, daß sich dies leicht ändern kann. So kann die Nomen-actionis-Theorie unter Umständen allein mit dem hier benutzten Einfachheitskriterium disqualifiziert werden: erstens besteht grundsätzlich die Möglichkeit, daß eine noch einfachere Theorie gefunden wird; zweitens könnte sich herausstellen, daß die Nomen-actionis-Theorie zwar im hier vorgegebenen Rahmen der Erklärung der Suffixkonjugation die einfachst mögliche Theorie ist, daß aber in einem weiteren Rahmen, z. B. im Rahmen der Gesamtbeschreibung der altägyptischen Sprache die Übernahme der Nomen-actionis-Theorie der Suffixkonjugation als Teil-Theorie zu Komplikationen bei der Konstruktion der Gesamt-Theorie führt, so daß die Gesamt-Theorie nach Maßgabe des Einfachheitskriteriums einer alternativen Gesamt-Theorie unterlegen sein könnte, die die Suffixkonjugation mit einer komplizierteren Teil-Theorie erklärt.

5.3 *Historische Folgewirkungen der prähistorischen Entstehung der Suffixkonjugation*

Die im vorausgehenden entwickelte Nomen-actionis-Theorie ist — wie gesagt — soweit eine nur-systematische, nicht-historische Theorie. Man sieht ihr jedoch das Ziel der späteren Verengung auf eine historische Theorie an: es wurde versucht — ohne daran zu kleben —, möglichst nahe an den Befunden des historisch belegten Altägyptisch zu bleiben, weil auch die Sprache keine Sprünge macht und deshalb anzunehmen ist, daß sich die Veränderungen zwischen der hamitosemitischen Grundsprache und dem historisch belegten Altägyptisch, aufs Ganze gesehen, in passablen Grenzen bewegen. Es wurden zweitens zur Konstituierung der Theorie, sooft alternative Lösungen bestanden, solche bevorzugt, die mit der größeren Wahrscheinlichkeit dem Kriterium der Historizität standhalten dürften.

An dieser Stelle sollen nun als eines der oben angegebenen Kriterien der Historizität der Nomen-actionis-Theorie (siehe Abschnitt 1.2) die in historischer altägyptischer Zeit feststellbaren Folgewirkungen der prähistorischen Entstehung der Suffixkonjugation behandelt werden. Um die Folgewirkungen klarer zu sehen, soll zunächst noch einmal die hypothetische Entwicklung kurz in etwas allgemeinerer Form skizziert werden.

Die Suffixkonjugation ist entstanden durch die Morphologisierung von Wortbildungstypen (Nomina actionis) und bestimmten Lexemen (z. B. *ḫr(w)*). Die Etappen der Morphologisierung sind folgende:

1. Es gibt eine Anzahl Verbalnomina (Nomina actionis) verschiedener Bildungsweise und Bedeutung, die mutmaßlich — wie die Verhältnisse im historischen Altägyptisch nahelegen — nicht gleichmäßig von allen Verbalklassen gebildet werden. Die Nomina actionis können wie jede andere Verbalform (Pseudopartizip, Imperativ) verbaler Nukleus eines von einem Verbum dominierten Syntagmas sein; insbesondere können sie ein „Objekt" (falls transitiv) und ein „Subjekt" dominieren. Das „Objekt" hat die Form des „Zweitnomens" (enklitisches Pronomen), das „Subjekt" ist formal nicht von einem direkten „Genitiv" zu unterscheiden und wohl einfach als solcher anzusehen. Beispiel: *sḏm* X Y „das Hören des X den Y".

2. Nomen actionis + folgendes Subjekt werden in folgender Weise zu einer neuen grammatischen Einheit umfunktioniert:

(2.1) Einige Lexeme, die häufig in „Subjekt"-Stelle gestanden haben müßten (*-n-*, *-jn-*, *-ḫr-*, *-kꜣ-*, *-tj-*), werden durch Gliederungsverschiebung mit dem Nomen actionis fest verbunden. Beispiel: *sḏm* + *jn* > *sḏm.jn.*

(2.2) Bestimmte Nomen-actionis-Bildungen werden schematisch auf Verbalklassen übertragen, in denen sie ursprünglich nicht gebildet werden konnten, mit dem Ergebnis, daß — mit relikthaften Ausnahmen (defektive „Tempora", siehe unten) — alle Verben alle Verbalformen der Suffixkonjugation bilden können, sofern sie semantisch in Frage kommen (Passiv nur von trans. Verben o. ä.). Beispiel (irreal): angenommen, Verben 2-rad. besitzen einen Nominalbildungstyp **mn.w* ursprünglich nicht, Verben 3-rad. besaßen ihn aber (**sḏm.w*), so würde er jetzt von den Verben 3-rad. auf Verben 2-rad. durch Systemzwang übertragen werden.

3. Der ursprüngliche Zusammenhang zwischen Nomina actionis und der Suffixkonjugation geht verloren: die Suffixkonjugation ist als grammatisches Paradigma konstituiert.

4. Nur ein Teil der Nomina actionis geht auf diese Weise in der Suffixkonjugation auf, ein anderer Teil bleibt in der ursprünglichen Funktion erhalten.

Es ist von vornherein nicht zu erwarten, daß die Entwicklung geradlinig verlief, in der Weise, daß eine ganz bestimmte Teilmenge der prähistorischen Nomina-actionis-Typen im Gegensatz zu einer anderen Teilmenge, die als Nomina actionis erhalten blieb, diesen Entwicklungsprozeß in allen Stufen bis zum vollständigen Aufgehen in der Suffixkonjugation durchlaufen. Letztlich hat — wie man zuerst in der Dialektologie erkannte — jedes Wort seine eigene Geschichte. Es ist somit zu erwarten, daß es Nomen-actionis-Typen und möglicherweise auch einzelne Nomina actionis zu ganz bestimmten Verben gibt, die bereits erste Etappen auf dem Weg in die Suffixkonjugation durchlaufen hatten, nie aber den vollständigen Übergang in die Suffixkonjugation erreicht haben, weil sie als redundante Formen durch andere verdrängt wurden oder weil die Kategorien („Tempora") der Suffixkonjugation durch eine Systematisierung restringiert wurden u. a. m.

Nomina actionis dieser Art, die auf dem Weg zur Suffixkonjugation waren, aber letztlich nicht in die Suffixkonjugation aufgenommen wurden oder lange in unentschiedener Stellung blieben, gibt es mehrere, u. a. die defektiven „Tempora" (siehe oben Abschnitt 4.2):

1. das aktive *sḏm.w=f* (siehe Abschnitt 4.2.2), das

(1.1) keine von *sḏm=f/mrj=f* und *sḏm=f/mrr=f* abgrenzbare Funktion hatte, daher im System redundant war[160];

(1.2) nie von allen Verbalklassen gebildet werden konnte, ohne auch durch eigene Suppletivformen, d. h. Suppletivformen, die ausschließlich *sḏm.w=f* ergänzen, sonst aber keine Funktion haben, ergänzt zu werden;

(1.3) früh wieder eliminiert wurde: schon im Alten Reich ist es keine der häufigsten Verbalformen und im Mittleren Reich ist es nur noch selten belegt[161].

2. Das passive *sḏmm=f* (siehe Abschnitt 4.2.3), das

(2.1) keine von anderen Passivformen abgrenzbare Funktion hatte, daher im System redundant war;

(2.2) nur von einem Teil der Verbalklassen bildbar war;

(2.3) früh wieder eliminiert wurde: schon im Alten Reich ist es keine der häufigsten Verbalformen und im Mittleren Reich ist es nur noch selten belegt[162].

3. Wahrscheinlich die Formen *jwt* (*jw.t*) bzw. *jnt* (*jn.t*) der Verben *jwj* „kommen" bzw. *jnj* „bringen" (siehe Abschnitt 5.2.2), die

(3.1) nur in einem Subsystem der Sprache erste Ansätze zu einer klar abgrenzbaren Funktion, der „prospektiven", zeigen;

160 Siehe aber Westendorf, GMT § 192.
161 Edel, Beiträge Grammatik, 109—11.
162 Gardiner, EG, § 425.

(3.2) nur von ganz bestimmten Verben (*jwj*, *jnj*) bildbar waren.

Es ist unwahrscheinlich, daß in der eingeschränkten Gebrauchsweise der beiden erstgenannten „Tempora“ (*sḏm.w=f*, *sḏmm=f*) bereits der Beginn der in der altägyptischen Sprachgeschichte bekannten Verdrängung der Suffixkonjugation durch periphrastische Konjugationen mit Infinitiv und Pseudopartizip vorliegt, und zwar aus folgenden Gründen:

1. Die beiden „Tempora“ sind bereits zu Beginn der historischen Zeit in ihrer Verwendungsbreite, wie oben angegeben, eingeschränkt, zu einer Zeit also, in der die Suffixkonjugation noch expansiv ist und namentlich den transitiv-aktiven Gebrauch des Pseudopartizips erst noch völlig zu verdrängen hat.

2. Bei der späteren Verdrängung der Suffixkonjugation steht die Reihenfolge der Verdrängung der einzelnen Verbalklassen in keinem Zusammenhang mit den Verbalklassen, von denen ein *sḏm.w=f* bzw. *sḏmm=f* gebildet werden kann bzw. nicht gebildet werden kann. Z. B. werden bei der Verdrängung der Suffixkonjugation Verben IIIae inf., namentlich *jrj* „machen“, spät verdrängt, während *sḏmm=f* gerade von dieser Verbalklasse nicht gebildet wird; oder: die Verben 2-rad. gehören nicht zu den am frühesten verdrängten — das sind vielmehr Verben mit mehr als drei Radikalen —, während *sḏm.w=f* von Verben 2-rad. wohl nicht gebildet wird, dafür aber durchaus auch von Verben mit mehr als drei Radikalen.

Als ein zweites Indiz für die Historizität der Nomen-actionis-Theorie ist die Transparenz der historisch belegten Suffixkonjugation anzuführen, d. h. daß sich an den belegten Formen ihre Herkunft noch ablesen läßt. Die Transparenz besteht sowohl in lautlicher als auch in funktionaler Hinsicht:

1. Die Lautformen der Nomen-actionis-Konstruktionen, auf die die Suffixkonjugation zurückgeht, können genau so ausgesehen haben wie die Lautformen der historisch belegten Suffixkonjugation. Die Nomen-actionis-Theorie trägt insbesondere den Endungen der Nomina actionis Rechnung, während in den verschiedenen Partizipial-Theorien die genaue Form der Endungen problematisch bleibt.

2. Die Suffixkonjugation hat in historischer Zeit der Funktion der zugrundeliegenden Nomina actionis entsprechend nominale Funktion.

3. Möglicherweise stellt der Gebrauch der „Tempora“ der Suffixkonjugation ohne folgendes „Subjekt“ (Suffix/„Genitiv“) bzw. zusätzlich ohne das (aus einem im direkten „Genitiv“ stehenden Lexem entstandene) Bildungselement — eine Form, die als eine Art „Tempus consecutivum“ auftritt[163] — eine Spur des ursprünglich für sich allein funktionsfähigen Nomen actionis dar. Z. B. *rḏj.jn, zṯꜣ.w ms.w nz.w* „(sie) veranlaßten, daß die Königskinder gebracht wurden“ < *„Veranlassen seitens der (scil. ihrer) Wirkungskraft, daß die Königskinder gebracht wurden“[164].

Die Transparenz und die Anzeichen eines in historischer Zeit noch nicht abgeschlossenen Prozesses der Ausbildung der Suffixkonjugation weisen darauf hin, daß die Suffixkonjugation erst kurz vor dem Beginn der historischen Bezeugung der altägyptischen Sprache entstanden sein dürfte.

[163] Gardiner, EG, §§ 486 f.

[164] Sin. B 263 f.

5.4 Die Suffixkonjugation im Rahmen der altägyptischen Sprachgeschichte

5.4.1 Die syntaktischen Voraussetzungen der Entstehung der Suffixkonjugation

Die Zurückführung der Suffixkonjugation (und des *sḏm.tj=fj*) auf Nomina actionis (und der „Relativkonjugation" auf Partizipien) führt auf folgenden Ansatz der Verbalsyntax des Altägyptischen:

1. Es gibt folgende Verbalformen:
   (1.1) Pseudopartizip;
   (1.2) Imperativ;
   (1.3) mehrere Partizipien (u. a. Nomina agentis);
   (1.4) eine größere Menge Nomina actionis (bzw. Verbalabstrakta o. ä.).
2. Eine besonders transparente Verbalsyntax läßt sich rekonstruieren mit Hilfe der Annahme, der Imperativ sei ursprünglich ein Verbalnomen gewesen (am ehesten ein Nomen agentis; die Problematik eines solchen Ansatzes kann hier nicht diskutiert werden, da sie zunächst uferlos erscheint; die folgenden Erörterungen wären auch dann nicht wesentlich tangiert, wenn man dem Imperativ einen anderen Status zuspräche); es gibt dann folgende Typen von Hauptsätzen:

(2.1) den eingliedrigen Nominalsatz, bestehend aus einer einzigen unmittelbaren Konstituente, einem Nomen; das Nomen ist entweder ein Substantiv (entweder Überschriften-, Infinitivstil oder ein „Vokativ", der eine 2. Person aus dem Kontext bzw. der Situation impliziert) oder ein „Imperativ" (der eine 2. Person impliziert; z. B. *šm.w* „Gehende!" > „geht!" (?); zur Genusvariabilität des Imperativs vgl. unten Abschnitt 5.5.3);

(2.2) den zweigliedrigen Nominalsatz (mit „Subjekt" und „Prädikat"), der als erste unmittelbare Konstituente ein Nomen enthält, dessen zweite unmittelbare Konstituente jedoch von zweierlei Art sein kann:

(2.2.1) der Nominale Nominalsatz enthält auch als zweite unmittelbare Konstituente ein Nomen,

(2.2.2) der Adverbiale Nominalsatz enthält als zweite unmittelbare Konstituente einen adverbialen Ausdruck, als dessen Äquivalent nach den Verhältnissen des historischen Altägyptisch auch das Pseudopartizip gesetzt werden könnte (hierher wohl auch als elliptische Konstruktionen Sätze wie *m ḥtp* „in Frieden!", *jjj.tj* „willkommen!"; zu einer vermutlich günstigeren Auffassung des Pseudopartizips als Nominaler Nominalsatz siehe unten Abschnitt 5.5.3).

Sämtliche nominalen unmittelbaren Konstituenten (Erstnomen in 2.2.1 und 2.2.2 und Zweitnomen in 2.2.1) können durch Verbalnomina (Nomina agentis, Nomina actionis) besetzt werden, wohl auch die zweite unmittelbare Konstituente in 2.2.2 mit einem „absoluten" Verbalnomen.

Daraus ergibt sich, daß durch die syntaktischen Gegebenheiten die Verbalnomina diejenigen „Verbalformen" sind, die am universellsten als unmittelbare Konstituenten eines Satzes eingesetzt werden können, während demgegenüber namentlich das

Pseudopartizip auf die zweite unmittelbare Konstituente eines Satzes beschränkt ist.

Ferner können Verbalnomina zusätzlich in Satellitenfunktion (z. B. als Appositionen, als „Objekte") stehen.

Diese universelle Verwendbarkeit der Verbalnomina ist offensichtlich der Grund für ihre Morphologisierung in der Suffixkonjugation und in der „Relativkonjugation".

Daß der Ansatz eines relativ primitiven nominalen syntaktischen Systems der vorgeschlagenen Art keine glottogonische Spekulation ist, sondern linguistisch sinnvoll und sprachhistorisch wahrscheinlich ist, wird unten Abschnitt 5.5.3 zu zeigen sein.

5.4.2 Nominalsatz- und Nominalkomplex-Negation

Die beiden wichtigsten Negationen des historisch überlieferten Sprachsystems, *nj* (*n*/*nn*) und *tm* lassen sich im Rahmen der im vorausgehenden Abschnitt skizzierten Syntax und, soweit die Suffixkonjugation betroffen ist, so erklären:

1. *tm*, ein Verbalnomen, ist Nukleus eines Nominalkomplexes; z. B. *tm=f sḏm.w* „sein Nichthören" > „daß er nicht hört".

2. *nj*, ein Nicht-Verbalnomen, ist die erste unmittelbare Konstituente (Erstnomen) eines Satzes; z. B. *nj* (*nn*) X „ein Nichtvorhandenes ist X". Wohl noch in prähistorischer Zeit erhält *nj* daneben durch eine Gliederungsverschiebung (Entklammerung) eine zweite Funktion, die als Partikel; z. B. **nj* {*sḏm=f*} „ein Nichtvorhandenes ist sein Hören" > *nj* (*n*) *sḏm=f* „er hört nicht"[165]; die Form *nj* (*nn*) *sḏm=f* bleibt in futurischer Bedeutung „er wird nicht hören" erhalten.

5.4.3 Die Schlüsselrolle der Nomina actionis in der Sprachgeschichte

Die Entwicklung der Suffixkonjugation bleibt eine — wenn auch millennare — Episode der altägyptisch-koptischen Sprachgeschichte; spätestens in koptischer Zeit ist die Suffixkonjugation im Sprachsystem als erloschen zu betrachten.

Während aber die in die Suffixkonjugation mündende Entwicklung der Nomina actionis rückläufig wird, erweist sich ein weiteres Mal die Stoßkraft der Nomina actionis, die nun in der Form der durch einen Konzentrationsprozeß ausgefilterten „Infinitive" in periphrastischen Konjugationen neben dem Pseudopartizip in ein neues Konjugationssystem eingehen, das seine letzte Systematisierung im Koptischen erfuhr.

[165] Siehe Schenkel, Semiverb.

5.5 *Die Entstehung der altägyptischen Suffixkonjugation im Rahmen der hamitosemitischen Sprachen*

5.5.1 Die hamitosemitische Basis für die Entstehung der altägyptischen Suffixkonjugation

Die Nomen-actionis-Theorie setzt zur Zeit der Entstehung der altägyptischen Suffixkonjugation den folgenden linguistischen Bestand der prähistorischen altägyptischen Sprache voraus:

1. eine Reihe von Lexemen, die zu Bildungselementen der Suffixkonjugation umfunktioniert werden: **n*, **jn*, **ḫr(w)*, **kꜣ*, **tj*; Suffixpronomina;

2. eine Reihe von Nominalbildungstypen; diese sind, soweit die konsonantischen Endungen und die nicht-schwachen Konsonanten des Stamms betroffen sind, folgende:

(2.1) Endungen: -Ø, *-w*, *-t*, evtl. *-wt*;

(2.2) Stammesmodifikation durch Gemination, wobei entweder anstelle des dritten, schwachen Radikals der zweite wiederholt wird (*mrr*) oder der letzte wiederholt wird (*sḏmm*);

3. als syntaktische Einheiten den (Nominalen und Adverbialen) Nominalsatz, den Nominalkomplex und den direkten „Genitiv" (Status-constructus/Status-pronominalis-Verbindung).

Da die altägyptische Suffixkonjugation eine rein altägyptische Entwicklung innerhalb der hamitosemitischen Sprachen ist, könnten auch die Elemente, die ihre Entstehung voraussetzt, rein altägyptisch sein, müßten sich also nicht unbedingt in anderen hamitosemitischen Sprachen finden. Anders formuliert: ließen sich die hypothetischen Elemente nicht durch ihre Existenz in anderen hamitosemitischen Sprachen als historisch erweisen, so wäre damit die Nomen-actionis-Theorie nicht widerlegt. Umgekehrt kann sie aber durch den Nachweis der Existenz der Elemente oder eines wesentlichen Teils der Elemente in anderen hamitosemitischen Sprachen in ihrer Historizität bestätigt werden. Unter diesem Gesichtspunkt ist zu den drei Elementgruppen folgendes zu sagen:

Zu 1.: Es soll schon gar nicht der Versuch unternommen werden, die nur unsicher zu bestimmenden, kurzen Lexeme **n*, **jn*, **ḫr(w)*, **kꜣ*, **tj* im Hamitosemitischen anderswo zu finden, da — ganz abgesehen von den für einen Vergleich ungünstigen Faktoren: ihrer semantischen Unbestimmtheit und ihrer kurzen Lautform — die Wahrscheinlichkeit gering ist, daß bei der geringen Zahl von hamitosemitisch-altägyptischen Wurzelgleichungen unter Tausenden von Lexemen ausgerechnet diese sich in anderen hamitosemitischen Sprachen finden sollten. Dagegen ist der Zusammenhang der Personalsuffixe mit dem übrigen Hamitosemitischen im großen und ganzen erwiesen[166].

Zu 2.1: Die Endungen der Nominalbildungstypen sind keine anderen als

[166] Siehe z. B. Diakonoff, 75, Table VII.

diejenigen, die man auch sonst in der altägyptischen Nominalbildung kennt. Wenn sich die altägyptischen Nominalbildungstypen insgesamt mit dem (Hamito-)Semitischen verbinden lassen[167], so sind auch die Nominalbildungstypen der altägyptischen Suffixkonjugation mit dem (Hamito-)Semitischen zu verbinden.

Zu 2.2: Die Gemination ist in der hamitosemitischen Nominalbildung außerhalb des Altägyptischen bekannt, hauptsächlich bei Adjektiven, aber auch bei Abstrakta (z. B. Arab. *ʿundad* „Entkommen", *sudād* „Herrschaft") u. a. m.[168].

Zu 3.: Nominalsatz und Nominalkomplex allgemein und Status-constructus-Verbindung speziell sind angesichts ihrer Verbreitung in den hamitosemitischen Sprachen bereits für die hamitosemitische Grundsprache anzusetzen.

Die Nomen-actionis-Theorie geht somit von Ausgangselementen aus, die weitgehend selbst wieder aus dem Hamitosemitischen erklärt werden können.

5.5.2 Die hamitosemitische Präfixkonjugation in ihrem Verhältnis zur hamitosemitischen Suffixkonjugation im Licht des altägyptischen Befundes

Jede Rekonstruktion des hamitosemitischen Verbalsystems muß davon ausgehen, daß die früheste überlieferte hamitosemitische Sprache, das Altägyptische, keine Präfixkonjugation besitzt und diese auch in ihrer prähistorischen Vorgeschichte kaum besessen haben kann: bis jetzt ließen sich keinerlei (unbestreitbare) Spuren einer prähistorischen Präfixkonjugation im historischen Altägyptisch nachweisen. Die Nomen-actionis-Theorie liefert zusätzliche Indizien, die diese Ansicht bestärken:

1. Die Elemente, auf denen die altägyptische Suffixkonjugation basiert, sind, soweit man dies beurteilen kann (siehe oben Abschnitt 5.5.1), hamitosemitische Elemente; der Abstand des Altägyptischen von der hamitosemitischen Grundsprache ist daher mit größerer Wahrscheinlichkeit klein als groß, zu klein vielleicht, um innerhalb dieser Zeitspanne eine angenommene Präfixkonjugation der Grundsprache restlos abzubauen.

2. Die Rekonstruktion der prähistorischen altägyptischen Verbalsyntax (siehe oben Abschnitt 5.4.1) erweist die prähistorische Existenz des Nominalsatzes; sie liefert — sieht man vom Imperativ ab, für den diese Möglichkeit offenzuhalten ist — keine Indizien für einen Verbalsatz, den man voraussetzen sollte, wenn man die hamitosemitische Präfixkonjugation als die eigentlichste Verbalflexion des Hamitosemitischen betrachtet, worauf die altsemitischen Verhältnisse deutlich genug hinweisen (zum Status des akkadischen Stativs siehe unten Abschnitt 5.5.3).

Die Inexistenz einer prähistorischen altägyptischen Präfixkonjugation vorausgesetzt, ergeben sich für die Rekonstruktion des hamitosemitischen Verbalsystems zwei Alternativlösungen:

[167] Osing, Nominalbildung.

[168] Brockelmann, Grundriss, I, §§ 163—72.

1. Angenommen, das Kuschitische und — falls im Verbalsystem überhaupt ganz hierher gehörig (siehe oben Abschnitt 1.1) — das Tschadohamitische hätten einmal eine hamitosemitische Suffixkonjugation besessen, angenommen somit, daß von den fünf Hauptgruppen des Hamitosemitischen alle außer dem Altägyptischen gleichzeitig die hamitosemitische Suffixkonjugation und die Präfixkonjugation besessen hätten, so könnte man die Sonderstellung des Altägyptischen dadurch erklären, daß die Präfixkonjugation erst entstand, nachdem sich das Altägyptische — als erste Sprachgruppe — aus dem Verband der hamitosemitischen Sprachen abgelöst hatte. Die hamitosemitische Suffixkonjugation wäre somit älter als die Präfixkonjugation.

2. Angenommen, das Kuschitische und evtl. das Tschadohamitische hätten nie die hamitosemitische Suffixkonjugation besessen, angenommen somit, es gäbe eine kuschitisch-tschadohamitische Gruppe, die nur die Präfixkonjugation besitzt, eine altägyptische Gruppe, die nur die hamitosemitische Suffixkonjugation besitzt und eine semitisch-libysch-berberische Gruppe, die beide Konjugationsarten besitzt, so käme eine geographische Erklärung in Betracht (Wellentheorie): im Bereich des Hamitosemitischen gibt es ein Zentrum, von dem die Präfixkonjugation ausgeht, und ein Zentrum, von dem die Suffixkonjugation ausgeht; in einer mittleren Zone würden sich beide Einflußzonen überlagern:

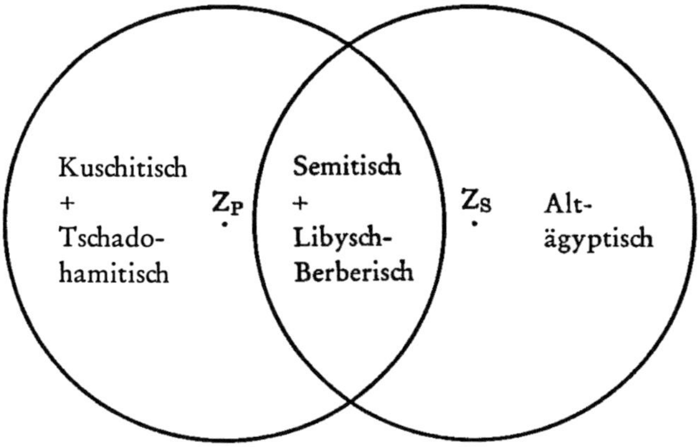

(Z_P = Zentrum der Präfixkonjugation; Z_S = Zentrum der Suffixkonjugation)

Im folgenden soll gezeigt werden, daß die Alternative 2 eher akzeptiert werden kann als die Alternative 1.

Gegen die Alternative 1 sprechen folgende Argumente:

1. Es sind keine Indizien bekannt, die eine hamitosemitische Suffixkonjugation für das Kuschitische und Tschadohamitische erweisen.

2. Es wäre überraschend, daß die älteste hamitosemitische Suffixkonjugation in ihrem Aufbau transparenter wäre als die jüngere Präfixkonjugation: die Präfixkonjugation ist mehr — um einen Terminus E. Sapirs zu benutzen[169] — fusionierend

[169] Sapir, Language, deutsche Ausgabe, 122 f.

als die Suffixkonjugation; u. a. besteht bei der hamitosemitischen Suffixkonjugation eine klare Aufteilung der Wortform in Verbalstamm und Personalpronomen, während in der Präfixkonjugation die Personalelemente den Verbalstamm umschließen, z. B. Arab. *ja-qtul-u*, und Infixe in den Verbalstamm eindringen, z. B. Akk. *ip-ta-ras*.

Die Alternative 2, die für die hamitosemitischen Sprachen die Monogenese zum mindesten im Bereich der Verbalsysteme unmöglich macht — was in Einklang mit dem Vorschlag einer „Allogenese“ der hamitosemitischen Sprachen durch G. W. Tsereteli steht[170] — impliziert folgendes Problem: Die Wohnsitze der betroffenen Sprachgruppen in historischer Zeit lassen sich nicht mit dem vorgeschlagenen Schema der sprachlichen Überlagerung zur Deckung bringen; man kann unmöglich behaupten, die semitisch-libysch-berberische Sprachgruppe wäre zwischen der kuschitisch-tschadohamitischen und der altägyptischen beheimatet. Da man sich hier jedoch mehr oder minder tief in prähistorischer Zeit bewegt, lassen sich leicht passende Verteilungen der Wohnsitze der Sprachgruppen ausdenken. Es gibt jedoch unter vielen möglichen Anordnungen eine, die einerseits relativ nahe den historischen Gegebenheiten liegt und die andererseits durch klimatologische, besiedlungsgeschichtliche und prähistorisch-altägyptische Fakten abgesichert werden kann:

1. die libysch-berberisch-semitische Gruppe sitzt in Nordafrika;

2. die kuschitisch-tschadohamitische Gruppe schließt sich südlich oder westlich an die libysch-berberisch-semitische an;

3. die altägyptische Gruppe schließt sich östlich an die libysch-berberisch-semitische an.

Die Akzeptabilität der Ausgangslage und der notwendigen Veränderungen zu den aus historischer Zeit bekannten Verhältnissen hin ergibt sich aus folgendem:

1. Die klimatischen Bedingungen Nordostafrikas waren in neolithischer Zeit relativ günstig; sie haben sich erst zu Beginn der historischen altägyptischen Zeit verschlechtert (der Tiefstand wurde in der 6. Dynastie erreicht)[171]. Man müßte annehmen, daß im Gefolge relativ guter Lebensbedingungen eine Überbevölkerung eintrat, die zu Abwanderungen führte. Es stellt sich die Frage, ob und inwieweit diese Bevölkerung Nordostafrikas mit den Jägern bzw. nomadischen Viehzüchtern identisch sein kann, die in den neolithischen Felsbildern der östlichen Sahara faßbar sind[172]. Eine Antwort ist gegenwärtig jedoch schon deshalb nicht möglich, weil für den zeitlichen Ansatz der hamitosemitischen Grundsprache noch keine schlüssigen Kriterien verfügbar sind.

2. Die spätere altägyptische Sprachgemeinschaft müßte nach Ägypten, und zwar genauer: nach Oberägypten, abgewandert sein. Dabei blieben ethnisch und wohl auch sprachlich zu den Ägyptern gehörige Stämme außerhalb der späteren altägyptischen Sprachgrenzen (westlich) zurück, wie dies bei dem Völkerstamm der

[170] Tsereteli, Beziehungen.

[171] Butzer, Naturlandschaft, 90—6 [(48)—(54)]; Butzer, Physical Conditions, 35; vgl. auch Atzler, Randglossen, 232 f.

[172] Butzer, Felsbilder, besonders 34—47.

Ṯḥnw aus altägyptischen Quellen noch zu erschließen ist[173]. Die prähistorische Naqada-Kultur, die bruchlos in die Kultur der frühdynastischen Zeit übergeht, deren Träger also wohl schon die Ägypter der historischen Zeit sind, geht von der Thebais aus und verbreitet sich von dort aus nach Süden (Nubien) und Norden, bis sie zur Reichseinigungszeit das Delta erreicht[174].

3. Das Delta, das in prähistorischer Zeit entgegen einer lange gehegten Ansicht besiedelbar war[175], aber nicht durch die mit der Naqada-Kultur in Beziehung stehenden Ägypter besiedelt war, konnte in prähistorischer Zeit bis zum Beginn der historischen Zeit in Ägypten die Brücke zwischen den Wohnsitzen der libysch-berberisch-semitischen Gruppe und der späteren vorderasiatischen oder arabischen Heimat der Semiten bilden. Die Reichseinigung, die die Einbeziehung des Deltas in den altägyptischen Staatsverband bedeutet, dürfte die Verbindung unterbrochen haben.

4. Die kuschitisch-tschadohamitische Gruppe müßte südwärts abgedrängt worden sein. Noch in historischer Zeit sind vergleichbare Wanderungen belegt: die entlang der altägyptischen Westgrenze anlaufenden *Ṯmḥw*-Libyer, die besonders als C-Gruppe archäologisch faßbar sind[176].

Linguistisch ist die Überlagerung zweier Verbalsysteme im Bereich der libysch-berberisch-semitischen Gruppe an Folgewirkungen abzulesen: an der Entwicklung des semitischen Aspektsystems. Wie oben in Abschnitt 1.1 festgestellt, gibt es zwei verbreitete formale Mittel zur Darstellung der aspektuellen Oppositionen: die Opposition Langform versus Kurzform in allen Sprachgruppen des Hamitosemitischen außer dem Altägyptischen und die Opposition Präfixkonjugation versus Suffixkonjugation im Libysch-Berberischen und im Semitischen. Die Überlagerung der mit der Präfixkonjugation gekoppelten Opposition Langform versus Kurzform mit der Suffixkonjugation führt zu Redundanz und — durch Eliminierung von Länge + Suffix — Asymmetrie der formalen Kennzeichnungen im Altsemitischen (Akk. *iparras*, *iprus*, *paris*). Im Jungsemitischen ist das binäre System wiederhergestellt durch Aufgabe der Opposition Langform versus Kurzform (Arab. *qatala*, *jaqtulu*).

Noch eine andere Erklärung wäre möglich: Man könnte auch im Zentrum der hamitosemitischen Suffixkonjugation (Altägyptisch) eine Opposition Langform versus Kurzform ansetzen: die Kurzform wäre erhalten im akkadischen Stativ, die Langform im altägyptischen Pseudopartizip, das gegenüber dem Semitischen (akkadischer Stativ/westsemitisches Perfekt) um eine Endung *-j* erweitert ist. Im Akkadischen wäre dann bereits in einem ersten Reduktionsschritt durch den Druck der konkurrierenden Präfixkonjugation die Langform eliminiert worden, während im Altägyptischen zu Beginn der historischen Zeit aus anderen Gründen, vielleicht

[173] Hölscher, Libyer, besonders 12 f.; 18 f.; Fecht, *Ḥꜣtjw-ꜥ*.

[174] Kaiser, Stand, 98 f.; Kaiser, Chronologie, 69; 74 f.; Kaiser, Frühzeit, 41.

[175] Butzer, Naturlandschaft, 71—8 [(29)—(36)].

[176] Bietak, C-Gruppe, besonders 141—3; 147; Edel, C-Gruppe; Ehgartner/Jungwirth, Skelette Sayala.

unter dem Druck der aufkommenden altägyptischen Suffixkonjugation, die Kurzform bereits verdrängt wäre. Dies als bloße Möglichkeit.

Die hier vorgetragene hypothetische Rekonstruktion des hamitosemitischen Sprachbereichs ist ganz entscheidend durch das Kriterium der Einfachheit bestimmt. Ob und wie weit sich eine derart einfache Rekonstruktion halten läßt, wenn man andere Bereiche der hamitosemitischen Sprachen einbezieht, bleibt durchaus offen. Hingewiesen sei beispielsweise auf die verworrene Lage im Bereich des Lexikons, wo allerdings heute die Materiallage noch immer ziemlich dürftig ist[176a]. Festzuhalten bleibt in jedem Fall als Ergebnis, daß die hamitosemitischen Sprachen nicht im untersuchten Bereich, und damit auch nicht insgesamt, auf einen gemeinsamen Ursprung zurückgeführt werden können.

5.5.3 Verb und Verbalnomen: Zur Ausdifferenzierung der Wortarten im Hamitosemitischen

Die Nomen-actionis-Theorie führt zu einem hypothetischen prähistorischen Sprachzustand, in dem es — mit der möglichen Ausnahme des Imperativs — die grammatische Kategorie Verb mit einer spezifischen Funktion auf Satzebene nicht gibt: Verben unterscheiden sich zwar von Nomina dadurch, daß sie als Nuklei zu ihren Satelliten in Relation treten können, die bei Nomina ausgeschlossen sind (besonders die Objekt-Relation). Als Satelliten haben sie dagegen keine anderen Funktionen als andere Nomina (daher ihre Bezeichnung als Verbalnomina). Ferner dürften die Bedeutungen der „Tempora" noch in engem Zusammenhang mit den Bedeutungen formal entsprechender Nominalbildungsklassen stehen.

Ausdrücklich wurde die altägyptische Suffixkonjugation auf Verbalnomina, und zwar auf Nomina actionis, zurückgeführt. Für das mit der hamitosemitischen Suffixkonjugation historisch identische Pseudopartizip läßt sich ähnliches annehmen, nämlich die Entstehung aus Nomina agentis. Sowohl die Endungen des altägyptischen Pseudopartizips als auch diejenigen des akkadischen Stativs erinnern an die Form selbständiger hamitosemitischer Personalpronomina (1. sg. *-k-*, 2. sg. *-t-*, 1. pl. *-n-*, 2. pl. *-tn-*; die 3. Personen zeigen teilweise Nominalendungen). Am besten ist die Entstehung der hamitosemitischen Suffixkonjugation aus einem Nominalsatz im Akkadischen abzulesen, wo man noch in historischer Zeit, wie G. Buccellati gezeigt hat[177], den Stativ als solchen interpretieren kann; insbesondere kann man hier den Stativ (noch) bilden von Nomina, die keine Verbalnomina sind, z. B. *šarr-ā-ku* „ich bin König". Ein altäg. *šm.kw* „(indem) ich gehe" wäre historisch zu erklären als *„ich bin ein Gehender". Genusinvariabilität der nominalen Basis, wie sie beim Pseudopartizip vorliegt, steht innerhalb des Altägyptischen nicht isoliert: zu vergleichen ist das Partizip in der Konstruktion *nfr sw* und u. U. der Imperativ (vgl. dazu oben Abschnitt 5.4.1).

[176a] Vgl. Hintze, Wortvergleichung, 67.
[177] Buccellati, Stativ.

Die Ableitung der hamitosemitischen Suffixkonjugation (Pseudopartizip, Stativ) erklärt auch die mediale Bedeutung dieser Konjugation[178], d. h. die Bedeutungskomponente einer besonderen Beteiligung des „Subjekts"/Agens an der Verbalhandlung: die hamitosemitische Suffixkonjugation weist mit einem Nomen agentis ausdrücklich auf den Agens der Verbalhandlung hin (z. B. altäg. *šm.kw* *„ich bin ein Gehender"), während die altägyptische Suffixkonjugation mit einem Nomen actionis primär auf die Verbalhandlung, nicht aber auf den Agens hinweist (z. B. *šm(=j)* *„das (mein) Gehen").

Angenommen also, derjenige Teil der hamitosemitischen Sprachen, von dem aus die hamitosemitische Suffixkonjugation sich verbreitete, damit auch das Altägyptische, besäße — mit der möglichen Ausnahme des Imperativs — als Verbalformen nur Verbalnomina (u. a. Nomina actionis, Nomina agentis): in Anbetracht dessen, daß die Kategorie Verb in den historisch bezeugten hamitosemitischen Sprachen ebenso wie in den indogermanischen Sprachen eine zentrale Rolle als Nukleus des Satzes spielt, hätte man es in der rekonstruierten Sprache mit einer Sprache anderen Typs zu tun — nicht freilich mit einem urtümlichen Sprachtyp, der dem Ursprung der Sprache schon nahe wäre, sondern mit einem Sprachtyp, der unter den Sprachen der Welt weitverbreitet ist und den man wohl eher als die in spezieller Weise fortentwickelten Sprachen des Hamitosemitischen und Indogermanischen als einen Normaltyp der menschlichen Sprache betrachten kann. Zur Sonderstellung des Hamitosemitischen vgl. z. B. die Sonderstellung des Indogermanischen gegenüber dem „normalen" Finnougrischen[179].

Wie dem auch sei: es gibt Sprachen, die Verben als lexikalische Klasse haben und solche, die sie nicht haben[180]. Sprachen, die, wenigstens wohl bis zu einem gewissen Grad, den Sprachtyp der hier rekonstruierten hamitosemitischen Sprachen zeigen, sind z. B. die altaischen. Da mir hier kein eigenes Urteil zusteht und ich schon gar nicht den Schiedsrichter zwischen den unterschiedlichen Ansichten der Autoritäten auf diesem Gebiet spielen kann, führe ich, obwohl G. Doerfer die Formulierungen für irrig hält und die Sachlage als wesentlich komplizierter einschätzt (persönliche Mitteilung), eine andere, ältere Autorität an, in der Hoffnung, daß trotz etwa notwendiger Abstriche immerhin ein Körnchen Wahrheit darin enthalten sei:

> A characteristic feature of the verb in the Altaic languages is that the stem of the verb and the suffixless form are the only purely verbal forms. All the other forms, i. e., tenses, participles, and gerunds (converbs) are of nominal origin.
>
> The verbal forms are classified in imperative forms, verbal nouns or participles, and gerunds.
>
> The imperative forms include that of the second person which is identical with the stem of the verb and is the only purely verbal form. . . .
>
> The gerunds or converbs are petrified forms of verbal nouns, . . .

[178] Schenkel, Pseudopartizip.
[179] Décsy, Einführung, 228.
[180] Martinet, Functional View, 100 f.

It is to be noted that converbs (gerunds) take possessive suffixes in Mongolian and Tungus....
The Altaic languages do not have indicative forms of the Indo-European type. The indicative forms, the tenses, are verbal nouns in origin, namely verbal nouns in predicative position, i. e., verbal nouns with personal endings, namely, possessive suffixes or predicative suffixes . . .[181].

Die ständigen Anklänge dieser Beschreibung an die in der Nomen-actionis-Theorie rekonstruierten Verhältnisse braucht man nicht im einzelnen aufzuzählen. Ähnliches wurde zumindest in Teilbereichen des Finnougrischen festgestellt[182] und für die umstrittene ural-altaische Sprachgruppe behauptet[183].

Dies ist auch, was schon F. Müller für das Altägyptische mit dem mißverständlichen Hinweis auf den Charakter der Personalelemente der altägyptischen Suffixkonjugation als Possessivpronomina behauptete (vgl. oben Abschnitt 3.4)[184]. Was oben Verbalnomina genannt wurde, heißt bei ihm Nomen-Verbum, weil solche Verben „formell Nomina und der Bedeutung nach Verba" sind[185].

Die Geschichte der altägyptischen Suffixkonjugation ist wesentlich auch die Geschichte der Grammatikalisierung lexikalischer Bedeutungsklassen, der Ausdifferenzierung der Wortart Verb aus der Wortart Nomen.

Inwieweit diese Rekonstruktion für das Hamitosemitische insgesamt gilt, namentlich für denjenigen Bereich des Hamitosemitischen, in dem die Präfixkonjugation ausgebildet wurde, muß als Frage offenbleiben.

5.5.4 Exkurs: Altägyptisch, Hamitosemitisch und Indogermanisch

Die hypothetischen prähistorischen Verhältnisse des Hamitosemitischen, die sich aus der Nomen-actionis-Theorie ergeben, liefern einige Gesichtspunkte zur Beurteilung des Verhältnisses des Hamitosemitischen zum Indogermanischen. Es kann hier natürlich nicht auf das Problem der hamitosemitisch-indogermanischen Sprachverwandtschaft in seiner ganzen Komplexität eingegangen werden; als Hintergrund der folgenden Bemerkungen ist eine Arbeit zum altägyptischen und indogermanischen Medium/Perfekt anzugeben[186].

Über die Erfolgsaussichten eines Vergleichs des Hamitosemitischen und des Indogermanischen kann man verschiedener Meinung sein. Immerhin gilt, daß erstens die meisten bekannten Sprachkreise sich typologisch ferner stehen als gerade das Hamitosemitische und das Indogermanische, so daß hier noch relativ gute Erfolgschancen bestehen, und das zweitens niemals bewiesen werden kann, daß

181 Poppe, Introduction, 195 f. (§ 7.64), vgl. auch Ramstedt, Einführung, 82 f.; 85 f.
182 Décsy, Einführung, 158; 192.
183 Collinder, Comparative Grammar, 243; 308.
184 Müller, Grundriß, I 1, 124, A. *.
185 Müller, Grundriß, I 1, 123, vgl. 124—6.
186 Schenkel, Pseudopartizip.

zwei beliebige Sprachen nicht genetisch verwandt wären, da man immer darauf rekurrieren kann, daß wir nur die Bindeglieder noch nicht durch Analyse der betreffenden Sprachen erkannt haben[187] (letzteres nur an die Adresse der nicht seltenen Skeptiker gerichtet, die aus dem Mißlingen des Nachweises gerne die Folgerung ziehen, daß man solchen Fragen tunlichst für alle Zeiten aus dem Weg zu gehen habe).

Für den Vergleich des Hamitosemitischen und des Indogermanischen räumt die Nomen-actionis-Theorie jetzt ein altes Problem aus dem Weg: das Indogermanische besitzt zwar im Medium/Perfekt eine Verbalflexion, die man mit der hamitosemitischen Suffixkonjugation relativ leicht in Verbindung bringen kann[188], nicht jedoch ein Äquivalent der Präfixkonjugation. Da nun nach der Nomen-actionis-Theorie die Präfixkonjugation gar nicht gemein-hamitosemitisch sein kann, sondern nur den bei Genese der Präfixkonjugation wohl westlichen, dem indogermanischen Sprachraum abgewandten Teil der hamitosemitischen Sprachen umfaßt, besteht kein Grund mehr, dieses Äquivalent zu suchen. Der wohl östliche Zweig des Hamitosemitischen, zu dem das Altägyptische gehört und der dem indogermanischen Sprachraum zugewandt ist, besitzt nur die hamitosemitische Suffixkonjugation, die dem indogermanischen Perfekt/Medium entsprechen kann. Möglicherweise ist also der Kreis der Suffixkonjugation in Abschnitt 5.5.2 so zu ziehen, daß er in den indogermanischen Sprachraum hineinreicht.

Sollte, wie oben in Abschnitt 5.5.2 erwogen, die hamitosemitische Suffixkonjugation eine Kurzform und eine um *-j* erweiterte Langform gleichzeitig besessen haben, so wäre eine direkte Zuordnung des indogermanischen Mediums zur Kurzform und des um ein *-i* erweiterten indogermanischen Perfekts zur Langform möglich[189].

Schließlich ist im vorliegenden Zusammenhang ausdrücklich auf die in beiden Sprachkreisen, dem hamitosemitischen und dem indogermanischen, belegte Ausbildung der grammatischen Kategorie Verb hinzuweisen, in der man, wenn nicht eine Urverwandtschaft, so doch eine Parallelentwicklung genetisch verwandter, ähnlich disponierter Sprachen sehen könnte[190].

So wenig auch diese Bausteine die Frage einer hamitosemitisch-indogermanischen Sprachverwandtschaft entscheidungsreif machen: es ist zu hoffen, daß durch Fortsetzung der Vergleichung eines Tages die Kriterien hinreichen, auch diese schwierige Frage zu entscheiden.

[187] Meillet, Parenté, 94; vgl. auch 97 f.
[188] Schenkel, Pseudopartizip.
[189] Vgl. Schenkel, Pseudopartizip, 312 f.
[190] Meillet, Convergence.

5.6 *Bewertung der Nomen-actionis-Theorie als historischer Theorie*

Als einzige derzeit durchgeführte historische Theorie der Suffixkonjugation entzieht sich die Theorie einer vergleichenden Bewertung nach dem Einfachheitskriterium; sie ist zunächst mangels Alternativen die einfachste. Es könnten jedoch grundsätzlich historische Theorien gefunden werden, die bei Berücksichtigung aller von der Nomen-actionis-Theorie abgedeckten historisch nachprüfbaren Befunde einfacher sind als die Nomen-actionis-Theorie. Das ist die erste Möglichkeit, die Nomen-actionis-Theorie als historische Theorie zu disqualifizieren.

Eine zweite Möglichkeit ergibt sich aus dem Kriterium der Historizität: Es könnte sein, daß sich im Fortgang der Forschung zwischen der Nomen-actionis-Theorie und den historischen Fakten Diskrepanzen herausstellen, daß also die Nomen-actionis-Theorie hypothetische Zwischenglieder enthält, die bei besserer Kenntnis der historischen Realität sich als der historischen Realität widersprechend erweisen. Die gegenwärtigen historischen Kenntnisse lassen bereits jetzt Punkte erkennen, an denen eine einschneidende Änderung der Materialbasis in greifbarer Nähe liegt: Der Ansatz eines einheitlichen Ursprungs sowohl der Basis der Suffixkonjugation (Nomen actionis) als auch — weniger nachdrücklich vertreten — der Bildungselemente (Nomina), der den nicht allzu reichlichen historischen Daten nicht widerspricht, ist entscheidend durch das Kriterium der Einfachheit gefordert. Es gibt aber durchaus für jeweils einen Teil der Fälle Möglichkeiten einer anderen Erklärung, z. B. ist für einen Teil der „Tempora" der Suffixkonjugation die Entstehung aus Partizipien, was die historischen Fakten angeht, nicht auszuschließen. D. h. historisch ist der einheitliche Ursprung nicht erwiesen. Nur: da das Einfachheitskriterium gilt, ist der Nachweis, daß der Ansatz eines einheitlichen Ursprungs zu Widersprüchen mit den historischen Fakten führt, ausdrücklich zu führen. Solange dies nicht möglich ist, sind Alternativlösungen, die in diesem Fall nur zur Komplizierung der Theorie beitragen, für die Theoriebildung uninteressant. Das heißt aber nicht, daß sie überhaupt wertlos wären. Im Gegenteil: man darf sie nicht aus dem Auge verlieren, da sie schon durch geringfügige Veränderungen an der historischen Materialbasis für die Theoriebildung hochaktuell werden können. Im Falle des einheitlichen Ursprungs würde es sich sicherlich lohnen, nach den noch unbekannten historischen Fakten, die den einheitlichen Ursprung widerlegen könnten, geradezu zu suchen.

Es lohnt sich nicht, hier im einzelnen auf die anderen benutzten Kriterien, die Widerspruchsfreiheit und Vollständigkeit einzugehen; selbstverständlich kann die Nomen-actionis-Theorie Widersprüche und Lücken enthalten. Vermutlich halten sich derartige Mängel in solchen Grenzen, daß sie ohne ernstliche Beeinträchtigung der Theorie behoben werden können. Aber auf eine letzte Möglichkeit zur Disqualifizierung der Nomen-actionis-Theorie sei ausdrücklich hingewiesen: Die Nomen-actionis-Theorie steht und fällt mit der Gültigkeit des Konzepts der historischen Theorie mit den vier Bewertungskriterien der Widerspruchsfreiheit, Vollständigkeit, Historizität und Einfachheit.

6. Zitierte Literatur

Albright, Principles
W. F. Albright, „The Principles of Egyptian Phonological Development", RT 40 (1923), 64—70.
Atzler, Randglossen
M. Atzler, „Randglossen zur ägyptischen Vorgeschichte", JEOL 22 (1971/72), 228—46.
Bauer, Tempora
H. Bauer, „Die Tempora im Semitischen", BA VIII, 1, Leipzig 1910.
Bietak, C-Gruppe
M. Bietak, Studien zur Chronologie der nubischen C-Gruppe, Österreichische Akademie der Wissenschaften, phil.-hist. Kl., Denkschriften 97, Wien 1968.
Brockelmann, Grundriss
C. Brockelmann, Grundriss der vergleichenden Grammatik der semitischen Sprachen, Berlin 1908—13.
Brockhaus 1957
Der große Brockhaus, [16]Wiesbaden 1952 ff.
Buccellati, Stativ
G. Buccellati, „An Interpretation of the Akkadian Stative as a Nominal Sentence", JNES 27 (1968), 1—12.
Butzer, Felsbilder
K. W. Butzer, Das ökologische Problem der neolithischen Felsbilder der östlichen Sahara, Studien zum vor- und frühgeschichtlichen Landschaftswandel der Sahara, II, Akademie der Wissenschaften und der Literatur Mainz, Abhandlungen der math.-naturwiss. Kl., 1958, 1, 20 (20)—49 (49).
Butzer, Naturlandschaft
K. W. Butzer, Die Naturlandschaft Ägyptens während der Vorgeschichte und der dynastischen Zeit, Akademie der Wissenschaften und der Literatur Mainz, Abhandlungen der math.-naturwiss. Kl., 1959, 2.
Butzer, Physical Conditions
K. W. Butzer, „Physical Conditions in Eastern Europe, Western Asia and Egypt before the Period of Agricultural and Urban Settlement", CAH I, Cambridge 1970, 35—69.
Callender, Afro-Asiatic Cases
J. Callender, „Afro-Asiatic Cases and the Formation of Ancient Egyptian Verbal Constructions with Possessive Suffixes", Ms.
Cenival, *mrr.f*
J. L. de Cenival, „Sur la forme *sḏm.f* à redoublement ou *mrr.f*", RdE 24 (1972) 40—45.
Chomsky/Halle, Sound Pattern
N. Chomsky und M. Halle, The Sound Pattern of English, New York—Evanston—London 1968.
Christian, Ältere Semitenschicht
V. Christian, „Akkader und Südaraber als ältere Semitenschicht", Anthropos 14 (1919), 729—39.

Cohen, Verbe Sidama
M. Cohen, „Du verbe Sidama (dans le groupe couchitique)“, BSL 27 (1927), 169—200.
Colizza, Lingue kuscitiche
G. Colizza, „Le lingue kuscitiche“, Giornale della società Asiatica Italiana 2 (1888), 128—39.
Collinder, Comparative Grammar
B. Collinder, Comparative Grammar of the Uralic Languages, Stockholm 1960.
Décsy, Einführung
G. Décsy, Einführung in die finnisch-ugrische Sprachwissenschaft, Wiesbaden 1965.
Diakonoff, Languages
I. M. Diakonoff, Semito-Hamitic Languages, Moskau 1965.
Edel, AäG
E. Edel, Altägyptische Grammatik, AnOr 34/39, Rom 1955—64.
Edel, Beiträge Grammatik
E. Edel, „Beiträge zur ägyptischen Grammatik“, ZÄS 84 (1959), 105—13.
Edel, C-Gruppe
E. Edel, „Die Ländernamen Unternubiens und die Ausbreitung der C-Gruppe nach den Reiseberichten des *Ḥrw-ḫwjf*“, Orientalia 36 (1967), 133—58.
Ehgartner/Jungwirth, Skelette Sayala
W. Ehgartner und J. Jungwirth, „Anthropologische Angaben über die Skelette der C-Gruppen- und Pan-Gräber aus dem Bezirk Sayala, Ägyptisch-Nubien“, M. Bietak, Ausgrabungen in Sayala-Nubien 1961—1965, Denkmäler der C-Gruppe und der Pan-Gräber-Kultur, Österreichische Akademie der Wissenschaften, phil.-hist. Kl., Denkschriften 92, Wien 1966, 83—8.
Erman, ÄG
A. Erman, Ägyptische Grammatik, Porta linguarum orientalium 15, [3]Berlin 1911; [4]Berlin 1928.
Erman, Entstehung
A. Erman, „Zur Entstehung der jüngeren Flexion des Verbums“, ZÄS 39 (1901), 123—8.
Erman, Flexion
A. Erman, „Die Flexion des aegyptischen Verbums“, SPAW 1900, 317—53.
Erman, Neue Art
A. Erman, „Eine neue Art der ägyptischen Conjugation“, ZÄS 27 (1889), 65—84.
Erman, Sprache Westcar
A. Erman, Die Sprache des Papyrus Westcar, Göttingen 1889 (aus: Kgl. Gesellschaft der Wissenschaften zu Göttingen, Abhandlungen, hist.-phil. Kl., 36 (1890)).
Fecht, *Ḥꜣtjw-ꜥ*
G. Fecht, „Die *Ḥꜣtjw-ꜥ* in *Ṯḥnw*, eine ägyptische Völkerschaft in der Westwüste“, ZDMG 106 (1956), 37—60.
Fecht, Wortakzent
G. Fecht, Wortakzent und Silbenstruktur, ÄgFo 21, Glückstadt—Hamburg—New York 1960.
Feichtner, Erweiterte Verbalstämme
M. K. Feichtner, „Die erweiterten Verbalstämme im Ägyptischen“, WZKM 38 (1932), 195—228.
Feichtner, *t*-Präfix
M. K. Feichtner, „Die *t*-Präfix- und *t*-Suffixverben im Ägyptischen“, WZKM 39 (1932), 295—316.
Gardiner, Aspects
A. H. Gardiner, „Some Aspects of the Egyptian Language“, London 1937 (aus: British Academy, Proceedings 23, 81—104).
Gardiner, Besprechung Polotsky

A. H. Gardiner, Besprechung von: H. J. Polotsky, Etudes de syntaxe copte, JEA 33 (1947), 95—101.
Gardiner, EG
A. H. Gardiner, Egyptian Grammar, [1]Oxford 1927; [2]London 1950; [3]London 1957.
Gardiner, Relative Form
A. H. Gardiner, „The Relative Form in Egyptian in the Light of Comparative Syntax", Philologica 1 (1921—22), 1—14.
Gilula, Besprechung Satzinger
M. Gilula, Besprechung von: H. Satzinger, Die negativen Konstruktionen im Alt- und Mittelägyptischen, JEA 56 (1970), 205—14.
Grapow, Sinuhe
H. Grapow, Untersuchungen zur ägyptischen Stilistik I, Der stilistische Bau der Geschichte des Sinuhe, Deutsche Akademie der Wissenschaften zu Berlin, Institut für Orientforschung, Veröffentlichung Nr. 10, Berlin 1952.
Greenberg, Afro-Asiatic Present
H. J. Greenberg, „The Afro-Asiatic (Hamito-Semitic) Present", JAOS 72 (1952), 1—9.
Greenberg, Reply
H. J. Greenberg, „A Reply", JAOS 73 (1953), 167 f.
Groll, *ỉw sḏm.f*
S. I. Groll, „*ỉw sḏm.f* in Late Egyptian", JNES 28 (1969), 184—91.
Haupt, Oldest Verb-Form
P. Haupt, „The Oldest Semitic Verb-Form", Journal of the Royal Asiatic Society, New Series 10 (1878), 244—52.
Hintze, Wortvergleichung
F. Hintze, „Zur hamitosemitischen Wortvergleichung", ZPhon 5 (1971), 65—87.
Hölscher, Libyer
W. Hölscher, Libyer und Ägypter, ÄgFo 4, Glückstadt—Hamburg—New York 1937.
Hommel, Grad der Verwandtschaft
F. Hommel, „Über den Grad der Verwandtschaft des Altägyptischen mit dem Semitischen", BA 2 (1894), 342—58.
Hornung, Amduat
E. Hornung, Das Amduat, ÄA 7, Wiesbaden 1963.
Janssens, Contribution
G. Janssens, Contribution to the Verbal System in Old Egyptian, Orientalia Gandensia 6, Löwen 1972.
Junge, Adverbielle Bestimmung
F. Junge, „Mehrfache adverbielle Bestimmung nach zweiten Tempora" (Referat auf dem Deutschen Orientalistentag 1972 in Lübeck; im Druck).
Junge, SDM.F-Theorie
F. Junge, „Einige Probleme der SDM.F-Theorie im Licht der vergleichenden Syntax", Orientalia 41 (1972), 325—38.
Jungraithmayr, Bau der Aspekte
H. Jungraithmayr, „Zum Bau der Aspekte im Westtschadohamitischen", ZDMG 116 (1966), 227—34.
Jungraithmayr, Remnants
H. Jungraithmayr, „Ancient Hamito-Semitic Remnants in the Central Sudan", African Language Review 7 (1968), 16—22.
Kaiser, Chronologie
W. Kaiser, „Zur inneren Chronologie der Naqadakultur", Archaeologia geographica 6 (1957), 69—77.
Kaiser, Frühzeit
W. Kaiser, „Einige Bemerkungen zur ägyptischen Frühzeit", ZÄS 86 (1961), 39—61.

Kaiser, Stand
W. Kaiser, „Stand und Probleme der ägyptischen Vorgeschichtsforschung", ZÄS 81 (1956), 87—109.
Klingenheben, Präfix- und Suffixkonjugation
A. Klingenheben, „Die Präfix- und die Suffixkonjugation im Hamitosemitischen", MIO 4 (1956), 211—77.
Klingenheben, Tempora
A. Klingenheben, „Die Tempora Westafrikas und die semitischen Tempora", ZES 19 (1928—29), 241—68.
Lefebvre, Origine
G. Lefebvre, „Sur l'origine de la langue égyptienne", CdE 22 (1936), 266—92.
Lewy, Europäische Sprachen
E. Lewy, Der Bau der europäischen Sprachen, [2]Tübingen 1964 (aus: Proceedings of the Royal Irish Academy Vol. 48, Section C, No. 2, 1942).
Lexa, Beiträge Personennamen
F. Lexa, „Beiträge zu den unveränderlichen Partizipien aus dem Gebiete der Personennamen", O. Firchow (Hrsg.), Ägyptologische Studien, Deutsche Akademie der Wissenschaften zu Berlin, Institut für Orientforschung, Veröffentlichung Nr. 29, Berlin 1955.
Lexa, Développement
F. Lexa, „Développement de la langue ancienne égyptienne", ArOr 10 (1938), 215—72.
Lexa, Développement préhistorique
F. Lexa, „Le développement de la langue égyptienne aux temps préhistoriques", ArOr 10 (1938), 390—426.
Lexa, Origine
F. Lexa, „L'origine vraisemblable de la forme verbale de l'égyptien ancien *śḏm:f* et des formes qui s'y rattachent", Philologica 2 (1923—24), 25—53.
Lexa, Participes indéclinables
F. Lexa, „Les participes indéclinables dans la langue ancienne égyptienne", ArOr 8 (1936), 98—125; 210—272; 9 (1937), 1—77; 25 (1957), 1—20.
Lexa, Remarques Gardiner
F. Lexa, „Remarques sur quelques idées de M. Gardiner publiées dans son Egyptian Grammar", ArOr 2 (1930), 435—40.
Lukas, Hamitisches Sprachgut
J. Lukas, „Hamitisches Sprachgut im Sudan", ZDMG 90 (1936), 579—88.
Martinet, Functional View
A. Martinet, A Functional View of Language, Oxford 1962.
Meillet, Convergence
A. Meillet, „Convergence des développements linguistiques", A. Meillet, Linguistique historique et linguistique générale, Paris 1921, 61—75 (aus: Revue philosophique 85 (1918)).
Meillet, Parenté
A. Meillet, „Le problème de la parenté des langues", A. Meillet, Linguistique historique et linguistique générale, Paris 1921, 76—101 (aus: Scientia (Rivista di scienza) 15 (1914)).
Müller, Grundriß
F. Müller, Grundriß der Sprachwissenschaft, Wien 1876—1888.
Osing, Nominalbildung
J. Osing, Die ägyptische Nominalbildung (im Druck).
Osing, Text
J. Osing, Der spätägytische Papyrus BM 10808, ÄA (im Druck).
Otto, Verba Iae inf.

E. Otto, „Die Verba Iae inf. und die ihnen verwandten im Ägyptischen", ZÄS 79 (1954), 41—52.
Polotsky, Egyptian
H. J. Polotsky, „Egyptian", B. Netanyahu (Hrsg.), The World History of the Jewish People, I, London 1964, 121—34; 359—63 (auch in: H. J. Polotsky, Collected Papers, Jerusalem 1971, 320—38).
Polotsky, Etudes
copte, Kairo 1944 (auch in: H. J. Polotsky, Collected Papers, Jerusalem 1971, 102—207).
H. J. Polotsky, Etudes de syntaxe copte, Publications de la Société d'archéologie
Polotsky, *sḏm.n.f*
H. J. Polotsky, „The ‚Emphatic' *sḏm.n.f* Form", RdE 11 (1957), 109—17 (auch in: H. J. Polotsky, Collected Papers, Jerusalem 1971, 43—51).
Polotsky, Tenses
H. J. Polotsky, Egyptian Tenses, The Israel Academy of Sciences and Humanities, Vol. II, No. 5, Jerusalem 1965 (auch in: H. J. Polotsky, Collected Papers, Jerusalem 1971, 71—96).
Polotsky, Verbalformen
H. J. Polotsky, „Ägyptische Verbalformen und ihre Vokalisation", Orientalia 33 (1964), 267—85 (auch in: H. J. Polotsky, Collected Papers, Jerusalem 1971, 52—70).
Polotsky, Zur Grammatik
H. J. Polotsky, „Zur altägyptischen Grammatik", Orientalia 38 (1969), 465—81.
Poppe, Introduction
N. Poppe, Introduction to Altaic Linguistics, Ural-altaische Bibliothek 14, Wiesbaden 1965.
Praetorius, Hamitische Sprachen
F. Praetorius, „Über die hamitischen Sprachen Ostafrika's", BA 2 (1894), 312—41.
Ramstedt, Einführung
G. J. Ramstedt, Einführung in die Altaische Sprachwissenschaft, II Formenlehre, Suomalais-ugrilaisen seuran toimituksia 104, 2, Helsinki 1952.
Reinisch, Wörterbuch Saho
L. Reinisch, Wörterbuch der Saho-Sprache, Wien 1890.
Roccati, Coniugazioni
A. Roccati, „Coniugazioni derivate dell'egiziano", Atti della Academia delle Scienze di Torino 105 (1970—71), 45—60.
Roccati, Papiro ieratico
A. Roccati, Papiro hieratico N. 54003, Catalogo del Museo egizio di Torino, Ser. 1, Vol. II, Turin 1970.
Rössler, Semitischer Charakter
O. Rössler, „Der semitische Charakter der libyschen Sprache", ZA NF 16 (1952), 121—50.
Rössler, Verbalbau
O. Rössler, „Verbalbau und Verbalflexion in den semitohamitischen Sprachen", ZDMG 100 (1950), 461—514.
Rundgren, Aspektkorrelation
F. Rundgren, Intensiv und Aspektkorrelation, Uppsala Universitets Årsskrift 1959, 5, Uppsala 1959.
Sapir, Language
E. Sapir, Language, New York 1921, deutsche Ausgabe: Die Sprache, München 1961.
Satzinger, Äthiopische Parallelen
H. Satzinger, „Äthiopische Parallelen zum ägyptischen *sḏm-f*", MDAIK 23 (1968), 163—6.
Schenkel, Besprechung Janssens
W. Schenkel, Besprechung von: G. Janssens, Contribution, OLZ (im Druck).

Schenkel, Partizip
W. Schenkel, „‚Singularisches' und ‚pluralisches' Partizip", MDAIK 20 (1965), 110—4.
Schenkel, Pseudopartizip
W. Schenkel, „Das altägyptische Pseudopartizip und das indogermanische Medium/Perfekt", Orientalia 40 (1971), 301—16.
Schenkel, *sḏm.t=f*
W. Schenkel, „Das Ende des narrativen *sḏm.t=f*, Schlußfolgerungen aus einer Beobachtung J. W. B. Barns', ‚Some Readings and Interpretations in Sundry Egyptian Texts', JEA 58 (1972), 160 f.", GM 4 (1973), 23—8.
Schenkel, Semiverb
W. Schenkel, „Semiverb, Seminomen und Partikel", ZÄS 98 (1970), 32—4.
Schenkel, Studien
W. Schenkel, Frühmittelägyptische Studien, Bonner orientalistische Studien, Neue Serie 13, Bonn 1962.
Schuchardt, Brevier
H. Schuchardt, Hugo-Schuchardt-Brevier, [2]Halle 1928.
Sethe, Sekundäre Verben
K. Sethe, „Über einige sekundäre Verben im Koptischen", ZÄS 47 (1910), 136—46.
Sethe, Ursprung
K. Sethe, „Zum partizipialen Ursprung der Suffixkonjugation", ZÄS 54 (1918), 98—103.
Sethe, Verbum
K. Sethe, Das aegyptische Verbum im Altaegyptischen, Neuaegyptischen und Koptischen, Leipzig 1899—1902.
Thacker, Relationship
T. W. Thacker, The Relationship of the Semitic and Egyptian Verbal System, Oxford 1954.
Tsereteli, Beziehungen
G. W. Tsereteli, „Zur Frage der Beziehungen zwischen den semitischen und hamitischen Sprachen", MIO 16 (1970), 271—80.
Tucker/Bryan, Linguistic Analyses
A. N. Tucker und M. A. Bryan, Linguistic Analyses, The Non-Bantu Languages of North-Eastern Africa, Handbook of African Languages, Oxford 1966.
Vycichl, Aspects
W. Vycichl, „Nouveaux aspects de la langue égyptienne", BIFAO 58 (1959), 49—72.
Vycichl, Nomen actoris
W. Vycichl, „Ein Nomen actoris im Ägyptischen, Der Ursprung der sogenannten emphatischen Konjugation", Le Muséon 65 (1952), 1—4.
Wellhausen, Besprechung Nöldeke
J. Wellhausen, Besprechung von: T. Nöldeke, Die semitischen Sprachen, DLZ 8 (1887), 966—8.
Wente, Emphatic Tense
E. F. Wente, „A Late Egyptian Emphatic Tense", JNES 28 (1969), 1—14.
Westendorf, GMT
W. Westendorf, Grammatik der medizinischen Texte, Grundriß der Medizin der Alten Ägypter VIII, Berlin 1962.
Westendorf, Imperfektisch oder emphatisch
W. Westendorf, „Das geminierende passive *sḏm-f* (*mrr-f*): imperfektisch oder emphatisch", ZÄS 84 (1959), 147—55.
Westendorf, Passiv
W. Westendorf, Der Gebrauch des Passivs in der klassischen Literatur der Ägypter, Deutsche Akademie der Wissenschaften zu Berlin, Institut für Orientforschung, Veröffentlichung Nr. 18, Berlin 1953.

Westendorf, *s̱dmwf*
W. Westendorf, „*s̱dmwf = sa̱dmóf*", ZÄS 90 (1963), 127—31.
Zyhlarz, Ursprung
E. Zyhlarz, „Ursprung und Sprachcharakter des Altägyptischen", ZES 23 (1932/33), 25—45; 81—110; 161—94; 241—54.

7. Ungeläufige Abkürzungen

PIA	Partizip Imperfekt Aktiv
PIP	Partizip Imperfekt Passiv
PPA	Partizip Perfekt Aktiv
PPP	Partizip Perfekt Passiv
RF	Relativform
SK	Suffixkonjugation

8. Register

8.1 *Lateinisches Alphabet*

Abstraktum s. Nomen
Adjektivische Suffixkonjugation 58
Adverbiale Bestimmung
  betonte 15, 29, 54—6
  feste : freie 54
Adverbialer Nominalsatz s. Nominalsatz
Akkadisch 3, 14, 69—72
Aktiv : Passiv 22, 26, 30 f., 33 f.
Aktiv-Passiv-Theorie 9 f., 22—6, 32—4, 60
Albright, W. F. 35
Aleph prostheticum s. *j*-
Allogenese s. Monogenese
Altaisch 72 f.
Altsemitisch 3, 69 f.
Amduat, 2. Stunde, Nr. 117; 138; 180. 59 (A. 157, 159 b)
Analogiebildung 21
Apposition 65
Arabisch 3, 27, 67, 69 f.
Aspekt s. Hamitosemitisch
Äthiopisch 3, 35
Attribut ⟨ Nominalsatz 31
Awiya 4
Bedauye 3 f.
Berberisch s. Libysch-Berberisch
Besiedlung Ägyptens 69 f.
Buccellati, G. 71
C-Gruppe 70
Callender, J. 2, 31, 46
Cenival, J.-L. de 43
CT I 398 c. 38 (A. 103)
CT IV 276—7 a; V 53 g; VI 323 a. 59 (A. 159, 159 a)
Daffo-Butura 3
Delta 70
Deutsch, Präteritum : Perfekt 49
Doerfer, G. 72
Dubletten, lexikalische 39
Edel, E. 39—42
Einbettung 20, 55
Einfachheit 7—9, 11, 19, 60, 71, 75
Ellipse 64
emphatische Form (Erman) 23 f.
„emphatische" Formen 1, 15, 29 f., 48, 54—6
„emphatische" Konstruktion 54—6
Englisch, Phonologie 7
Erman, A. 9, 17, 21—8, 32, 34 f.
Erstnomen 20, 53—5, 64 f.
Felsbilder, neolithische 69
Finnougrisch 72 f.
Form : Funktion 14, 74
fusionierend 68 f.
Gardiner, A. H. 9, 22, 28—31, 54
Gemination 23, 27, 66, s. a. Hamitosemitisch
  mrr.j : *j-mr* 40
Genitiv, direkter 36, 51, 61, 63, 66, s. a. Status constructus
  Sprengung 34, 52 f.
  ⟩ Satz 20
Genusvariabilität 20 f., 54, 58 f., 64, 71
Gliederungsverschiebung 52 f., 61, 65
Grammatikalisierung 56 f., 61, 65, 73
Habitativ 15, 30
Hamitosemitisch 11—17, 44, 61, 66—74, s. auch Semitisch
  Aspekt, perfektiver : imperfektiver 3f., 70
  Gemination 67
  Gliederung der Sprachen 5
  Imperativ 71 f.
  j-Präfix 15
  Kasus 31, 46
  Lexeme 66, 71
  Monogenese : Allogenese 69, 71
  n-Präfix 15
  Nomen agentis 71 f.
  Nominalbildungstypen 66 f.
  Nominalkomplex 67
  Nominalsatz 67, 71
  Personalpronomen 18, 66, 71
  Präfixkonjugation 5, 13—7, 67—70, 73 f.

Präfix- : Suffix-Konjugation 3—6, 67—71
Status constructus 67
Suffixkonjugation 14, 17, 67 f., 71 f., 74
t-Präfix 15
Tempus und Nominalbildungstyp 71
Verbalnomen 71—3
Verbalsatz 67
Verwandtschaft mit Idg. 73 f.
Wohnsitze 69 f.
Wortarten 71—3
Wortbildung, Affixe 50
Häufigkeit der Verben 49
Hausa 15 f.
Historizität 7—11, 21 f., 27—31, 33, 43 f., 61, 63, 65 f., 75
Imperativ 20, 36, 61, 64, 67, 71 f., s. auch Hamitosemitisch
Indogermanisch s. auch Medium
Perfekt 73 f.
Perfekt mit „haben" 26
Verb 34, 37, 72, 74
Verwandtschaft mit Hamitosemitisch 73 f.
Infinitiv 20, 22, 34—8, 40, 44, 47 f., 65
ohne *j*- 40
auf *-w* 37, 47
Genus 25, 34 f., 37 f.
narrativer 1, 37, 41
Unterschiede in Verbalklassen 38
Vokalisation 48
in periphrastischer Konjugation 63
sḏm.tj=fj ⟨ Inf. 25
sḏm.t=f = Inf. 25
Infinitivstil 64
Innere Rekonstruktion 10
Iterativ 15
Janssens, G. 1, 15
Junge, F. 1, 48, 54
Jungsemitisch 3, 70
Junker, H. 20
Kabylisch 3
Kasus s. Hamitosemitisch
Klima Nordostafrika 69
Klingenheben, A. 35
Komplementsinfinitiv 20, 25, 35, 37 f., 47
ohne *j*- 40
Konjunktion als Bildungselement 24
Koptisch 65
Infinitiv 40, 48
Qualitativ 13
Status constructus/pronominalis 46 f.
t-Kausativ 45
Zweite Tempora 55
mešak 46, 48
ꜥḥna= usw. 46
Kurzform : Langform 3 f., 14 f., 70, 74
Kuschitisch 3—6, 68—70
Langform s. Kurzform
Lexa, F. 9, 22, 28, 32 f.
Lexeme s. auch Dubletten; Hamitosemitisch
als Bildungselemente 50—2, 60, 66
Morphologisierung 61
Libysch-Berberisch 3—5, 68 f., 70
Literatursprache MR 1, 39, 54
Livre de la nuit, 44. 59 (A. 159 b)
Medium 72—4
Monogenese s. Hamitosemitisch
Monokausale Erklärung 35
Morphologisierung s. Grammatikalisierung
Müller, F. 34, 73
Nachbarsprachen, gegenseitige Beeinflussung 14
Naqada-Kultur 70
Negation s. *nj*; *tm*
Negativkomplement 20, 33, 37 f.
Nisbe zu Infinitiv 25
Nomen
absolutes 64
Abstraktum auf *-t/-wt* 38, 47
Nomen actionis 20, 34 f., 36 ff., s. auch Infinitiv; Verbalsubstantiv
ohne *j=* 40
auf *-w* 37, 41
auf *-wt* 42
⟩ Verbalstamm 18—22
einzelne Typen 45, 48, 56, 59
: Nomen agentis 72
Nomen-actionis-Theorie 6 f., 10, 12, 15, 22, 34 f., 36 ff.
Nomen agentis 58, 64, 71 f.
Nomen-Verbum 73
Nomensatz 55, s. auch Satznomen
Nominalbildungstypen 60, 66 f., s. auch Hamitosemitisch
sḏm.wj=fj 59
Nominaler Nominalsatz s. Nominalsatz
Nominalisierung 53
Nominalkomplex 19—21, 52—4, 59, 66 f.
Negierung 65
Nominalsatz 64, 67, 71
adverbialer 20, 52—5, 64, 66
⟩ Attribut 31
eingliedriger 64
Negierung 65
nominaler 19—22, 53, 59, 64, 66
nfr sw 21, 59, 71
Nubien 70

Objekt 20, 61, 65, 71
Objekt-Subjekt-Konversion 15
Orthographie, pseudohistorische 23
Osing, J. 1, 29 (A. 76), 46 f., 57
Parallelentwicklung von Sprachen 14, 74
Partikeln als Bildungselemente 34, 51
Partizip 10 f., 21, 36, 64
  mit *j*- 40
  mit -*n*- 57
  als Basis der Suffixkonjugation 9, 75, s. auch Partizipial-Theorien
  aktives 〉 Relativform 25, 29, 57
  aktives : passives 22, 25—7, 32
  Endungen 11, 22 f., 30, 60
  geminiertes : nicht-geminiertes 15, 23, 30
  imperfektisches 22, 29
  passives 22, 26, 28, 31
    〉 Relativform 29, 57
  prospektives 28
  〉 Relativkonjugation 64
  unveränderliches 32
  PIA 23 f., 40
  PIP 23 f., 26—9
  PPA 9
  PPP 9, 22 f., 26—9
Partizipial-Theorien 22—35, 50, 60, 63, s. auch Aktiv-Passiv-Theorie; Passiv-Theorie
Passiv s. Aktiv
Passiv-Theorie 9 f., 22, 26—33, 54, 60
Perfekt s. Indogermanisch; Westsemitisch
periphär : zentral 50
periphrastische Konjugation 63, 65
Personalpronomen s. auch Hamitosemitisch
  zwei Sätze 36
  Suffix 18—20, 66, 73
    〈 Präfix (*f=) 15 f.
    *=f als Objektpronomen 15
  enklitisches 18—20, 61
  in Relativform 57
Personennamen 32
Phonologie, generative 7
Piʿlēl 27
Pluralität 29
Polotsky, H. J. 1, 23, 29 f., 33, 41, 54
Poppe, N. 72 f.
Possessivpronomen 18—20, 73
Prädikat s. adverbiale Bestimmung
Präfixkonjugation, hypothetische altägyptische 4—6, 13—5, 67, vgl. auch Hamitosemitisch
Präposition als Bildungselement 25—7, 51—3
prothetisches *j*- s. *j*-
Pseudopartizip 4, 13 f., 17, 20, 33, 36, 61, 64 f., 71 f.
  als Langform 70 f.
  trans.-akt. 63
  in periphrastischer Konjugation 63, 65
PT 1435 a; c; 1436 a. 42
Pyramidentexte 39
Radikal, schwacher 40, 47
Redundanz 56, 62, 70
Reichseinigung 70
Relativform 1, 9, 21, 25, 27—9, 36, 43, 54, 56—8
  -*n*- in *sḏm.n=f* 57 f.
  abstrakte 41, 54
  adjektivische Suffixkonjugation 58
  sḏm.n=f ohne *w* 23, 27 f.
  sḏm.n=f verdrängt *mrj(.w)=f* 58
  〈 aktivem/passivem Partizip 29, 31
Relativkonjugation 57 f., 64 f.
Relativsatz 55
Restringierung 62
Roccati, A. 33 f.
Rössler, O. 4, 15 f.
Saho 3 f.
Satzinger, H. 35
Satznomen 15, 41, 53, s. auch Nomensatz
Satzstellung 54
Semantik 60
Semitisch 4 f., 13 f., 68—70, s. auch Alt-/Jung-Semitisch; Hamitosemitisch
  Urheimat 70
  Verb 35
  Wortbildung, Präfixe 15
Sethe, K. 17, 21 f., 26—8, 33—5
Siût I 263; 306. 49 (A. 134 f.)
Somali 4
Soziolekt 39 f.
Status constructus/pronominalis 46 f., 66, s. auch Genitiv; Hamitosemitisch; Koptisch
Substantiv als Bildungselement 51—3
Substantivierung 21, 25, 58
substantivische Suffixkonjugation 58
Sufixkonjugation, altägyptische
  Alter 11, 63
  Aussterben 56, 63
  Betonung 47
  Bildungselemente 25, 75
  einheitlicher Ursprung 75
  innerägyptische Entstehung 5 f., 9, 17 ff.
  intr. Verben 9, 31, 33
  hamitosemitischer Ursprung 4, 9, 13—17

nominale Funktion 1, 41, 43, 53—6, 63
syntaktische Voraussetzungen 64 f.
Täterangabe 30 f.
Tempora, Anzahl 14, 40, 44 ff., bes. 45, 48—50, 57 f.
verdrängt trans.-akt. Pseudopartizip 13, 63
Vokalisation 45—7
⟨ **f=sdm* 15 f.
: Relativform 56 f.
sḏm=f/mrj=f 9, 22, 25, 27, 29, 30, 32 f., 45, 52
ohne *-w-* 30
Einheit 48—50
Formen 2, 31, 45 f.
Indikativ 31, 46
Prospektiv 23, 28, 31, 41, 46, 49, 62
Subjunktiv 31, 41, 45 f.
Umstandsform 31, 46, 49
nach *bw* 46
nach *jr* 49
nach *n(j)* 49
perfektisch 28, 30, 49
Satznomen 41
Vokalisation 45—8
Wunschsatz 41
Nä., ⟨ *sḏm.n=f* 55
Präp. + *mrj=f* 41, 55 f.
⟨ aktivem Partizip 32
⟨ *sḏm.w=f* 22—4
: *mrr=f* 14 f., 23 f., 30
: *sḏm.w=f* 41
: *sḏm.n=f* 30
∼ *sḏm.w=f* 38
mrr=f 9, 27—30, 43, 45
„emphatisch" 41, 45, 55 f.
imperfektisch 28
Präp. + *mrr=f* 55 f.
: *mrj=f* 14 f., 23 f., 30
: *sḏm.w=f* 41
j.jr=f 55 f.
sḏm.t(j/w)=f 33 f.
sḏmm=f 24, 27, 32, 38, 42, 45, 47, 62 f.
Verbalklassen 38, 42, 63
∼ *sḏm.w=f* 38
sḏm.w=f, Aktiv 22 f., 33, 38—42, 45, 47, 62 f.
ohne *j-* 40
tj-Passiv 41 f.
Negierung 42
Nomen actionis 40 f.
Verbalklassen 38, 63
: *mrj=f* 41, 62
: *mrr=f* 41, 62
∼ *sḏm=f* 38
sḏm.w=f, Passiv 9, 22—24, 27, 30, 32 f., 45, 56
„emphatisch" 45, 55 f.,
: *sḏm.ntj=f* 56
∼ *sḏmm=f* 38 f.
sḏm.n=f 9, 24 f., 27 f., 32, 45, 51 f., 57 f.
ohne *-w-* 22
ohne *-n-* 50 f.
Basis 48
„emphatisch" 45, 55 f.
„nachdem"-Form 45
: *mrj=f* 30
⟩ Nä. *sḏm=f* 55
sḏm.ntj=f 55 f.
: *sḏm.w=f*-Passiv 56
sḏm.t=f 25, 32—4, 45
narratives 1, 25, 37
sḏm.jn=f 24, 26, 29 (A. 74), 51
sḏm.ḫr=f 24, 26, 29 (A. 74), 51
sḏm.kꜣ=f 24, 26, 29 (A. 74), 51 f.
**sḏm.w.n=f* 32
**sḏm.w.t=f* 32
**sḏm.tn=f* 32
**sḏm.w.tn=f* 32
Suppletiv-Tempus 38, 62
Syntax 19, 64 f., 67, s. auch Nominalsatz; Nominalkomplex
Synthese 53
Syrisch 26
Systemzwang 19, 47, 62
Tempus s. auch Suppletiv-Tempus
consecutivum 36, 51, 63
defektives 38—42, 45, 48, 61 f.
freie Varianten 38, 41
Nominalbildungsklasse 71
Suffixkonjugation : Relativformen 57
zweites 55
Thebais 70
Theorie
historische 75
systematische 31, 33 f., 52, 59 f.
systematische : historische 6—12, 22, 44, 50, 61
Tilgung 32 f.
Transformationsgrammatik, generative 7
Transparenz 11, 63, 68 f.
Transposition Stamm/Personalelement 15 f.
Tschadohamitisch 3—6, 68—70
Tsereteli, G. W. 69

Überschriftenstil 64
Ural-altaisch 73
Verb
als Bildungselement 27, 51 f.
dominiert Syntagma 20, 36, 61
Verbalabstraktum 47, 64, s. auch Nomen
Verbaladjektiv 21 f., 57
sḏm.tj=fj 19, 21, 25, 31, 33, 36, 40, 58 f., 64
ohne *j-* 40
Verbalflexion, echte 20
Verbalklassen 38 f., 41, 63
Defektivität 38
Unterschiede in Infinitivbildung 37
Unterschiede in Nominalbildung 42, 47 f., 61 f.
Iae *j* 39 f.
Iae *w* 39
ult. inf. 39 f.
Verbalnomen 20, 38, 54, 61, 64 f., 73, s. auch Hamitosemitisch
Verbalstamm, morphologische Erklärung 19—21, 34
Verbalsubstantiv 20—22, 26, 47, 57
Vokalisation 47
Verbum finitum 20, 34 f.
Vokativ 64
Vollständigkeit 7 f., 11, 60, 75
Vycichl, W. 35
Wellentheorie 68
Westendorf, W. 9, 22 f., 25, 30 f., 33
Westsemitisch, Perfekt 26, 70
Widerspruchsfreiheit 7 f., 11, 60, 75
Wohnsitze 74, s. auch Hamitosemitisch
Wortarten s. Hamitosemitisch
Wortbildung 60, s. auch Hamitosemitisch; Semitisch
Länge der Affixe 50
Morphologisierung 61 f.
*n-/t-*Präfix 15
zentral s. periphär
Zweitnomen 18, 20, 61, 64

8.2 *Ägyptisches Alphabet*

j 〉 ʾ 〉 Ø 23
j-, prothetisches 1, 15, 39 f., 42, vgl. auch Hamitosemitisch
j „sagen" (*j.n*) 52
jwj, *sḏm=f* 49 f.
jwt 45, 62 f.
-jn- 24—7, 34, 50—2, 61, 66
**jn* (Subst.) 51, 66
jn (Präp.) 51, 24—6, 66
jn (Partikel) 51 f., 66
jnj, *sḏm=f* 49 f.
jnt 45, 62 f.
jrj „machen" 63
w 〉 ʾ 〉 Ø 23
-w ∼ *-j* 23
-w- 32, 34
wnn, *n wn.t* 45
bꜣ.wj=fj (Dämon) 59
p (Demonstrativelement) 19
mꜣꜣ, *sḏm=f* 48 f.
-n- 24—6, 28, 32 f., 34, 50—2, 61, 66
n- (Präfix) 15
**n* (Subst.) 51, 66
n (Präp.) 24—6, 51, 66
Satzstellung 54
nj (*n/nn*) (Negation) 42, 65
rḏj
Abfall des *r* 49
sḏm=f 49
ḥr.wj=fj (Dämon) 59
ḥr.wj=sj (Dämon) 59
-ḫr- 24—7, 34, 50—2, 61, 66
ḫr (Präp.) 24—6, 51, 66
ḫr(w) „Stimme" 51 f., 66
ḫr(w) „sagen" 52
s- (Präfix) 40
-kꜣ- 24—7, 34, 50—2, 61, 66
kꜣ „Ka" 51 f., 66
**kꜣ* (Präp.) 24 f., 51, 66
kꜣ (Partikel) 51 f., 66
kꜣj „denken" 26 f., 51
**tj* (Subst.) 52, 66
Ṯmḥw-Libyer 70
Ṯḥnw (Volksstamm) 69 f.
-t- 32, 34
t- (Präfix) 15
-tj/tw- 25, 33 f., 45, 50—2, 61
tm (Negation) 41 f., 65
-tn- 32
ḏꜣ.wj=fj (?) (Dämon) 59